歴史文化ライブラリー

425

昭和天皇とスポーツ

〈玉体〉の近代史

坂上康博

吉川弘文館

目　次

大元帥としての健康維持　戦争の時代

1　〈玉体〉とスポーツ——プロローグ

ひとりの男子の誕生がこの国を揺さぶる

明治三四年、一九〇一年の四月二九日。体重約三〇〇〇〇グラムのひとりの男の子が生まれた。父の名は嘉仁《よしひと》。当時、皇太子や東宮《とうぐう》と呼ばれていた、のちの大正天皇である。母は皇太子妃節子《さだこ》。両親ともに若く、嘉仁は二一歳、節子は一六歳。結婚から一年足らずで待望の男子、宮中用語でいう親王《しんのう》を授かったのだ。

それがいかに重要な出来事であったかは、現在でもこの日が国民の祝日となっていることで明らかだろう。ゴールデンウイークの幕開けとなる「昭和の日」、すなわち昭和天皇の誕生日である。

このビッグニュースは、その翌日、宮内《くない》大臣より皇孫（天皇の孫）の誕生として公式発表され、当時宮城《きゅうじょう》と呼ばれていた皇居には、皇族や大臣、陸海軍大将、枢密院《すうみついん》議長などの高等官、在京の華族など大勢の人々が押し寄せ、各国大使館などから祝電がつぎつぎと届いた。新聞各紙は、号外を出してこのニュースを伝え、「国家の慶事は皇室の御慶事より大なるはなし」などとする祝辞を掲載するとともに、皇孫が「通常の生児よりも御体重も重く……御行末の御健康も押し量られて芽出度《めでた》き御事なり」（読売五・一）などと報じた。

天皇家の喜びはいうまでもないだろう。皇孫誕生の知らせを受けた祖父の明治天皇睦仁《むつひと》は、その翌日、専門の事務官に初孫の命名のために名と称号を選定するよう命じた。一方、葉山の御用邸滞在中に電報で知らせを受けた父、皇太子嘉仁は、五月三日に東宮御所に戻り、この日はじめてわが子に対面する。祖母の皇后美子《はるこ》（昭憲《しょうけん》皇太后）の初孫との対面も同日だった。

誕生から七日目、五月五日の命名式には、明治天皇より東宮御所に勅使が差し向けられ、命名書が届けられた。明治天皇が複数の候補の中から選んで、みずからの筆で認めたその名は裕仁《ひろひと》、称号は迪宮《みちのみや》であった。

この時、明治天皇は四八歳。みずから命名した迪宮裕仁との初対面は、宮中の儀礼に従って生後三〇日目になされたとされているが、実際はもう少し早かったようだ。裕仁の養育掛を長くつとめた鈴木孝《たか》（旧姓足立）は、「東宮御所に勤めていた人」から次のような話を聞いたという。

明治三十四年に皇孫さんがお出来になりましたとき明治大帝が非常にお喜びになられまして、すぐにも東宮御所へ行ってごらんになられたかったのですが、さすがにああいう御関係でございますからそう簡単にいらっしゃるわけにはまいりません。ちょうど東宮御所の表の方に日清戦争の戦利品がたくさん来ていまして、その戦利品を見に行くと仰せになって、迪宮さまに御対面になられたそうです。いかにも明治大帝らしいお話でほほえましくなります。（鈴木孝「天皇・運命の誕生」『文藝春秋』一九五六年一〇月号）

かぼそく危うい皇位継承の道

明治天皇は、父の孝明《こうめい》天皇の男子のうちただ一人の生存者として、わずか一四歳で皇位を引き継ぎ、そしてその子、嘉仁もまた、明治天皇の三人の男子のうちのただ一人の生存者であった。血統のつながりを絶対条件とする近代天皇制にとって、明治以降の二代にわたる皇位継承の道は、たった一本の、かくもかぼそく危うい道だったのである。そんな天皇家にとって、元気な三代目の誕生は、どれほど大きな喜びであったことか。明治天皇の気持ちの高ぶりは想像に難くなく、鈴木孝が紹介しているようなエピソードがあったとしても何ら不思議ではない。

裕仁の父、皇太子嘉仁は、生まれたときに全身に発疹があり、誕生の翌年には髄膜炎《ずいまくえん》とみられる病気にかかり（原武史『大正天皇』朝日新聞社、二〇〇〇年）、九歳からは毎年避暑・避寒のため、箱根や熱海、葉山で静養したが、一五歳の時に二度目の腸チフスにかかるとともに肺炎を患って、右肺全体が侵され、以後これが慢性の病状となった（伊藤之雄『明治天皇』ミネルヴァ書房、二〇〇六年）。皇太子嘉仁はこうした病をかかえたまま、明治天皇の死去にともない三二歳で即位し、大正時代が幕を開ける。しかし、大正という年号がつづいたのはわずか一五年。病状がしだいに悪化し、そのため裕仁は二〇歳の若さで摂政、そして大正天皇の死去によって、二五歳で皇位を継承することになる。

スポーツが皇居の光景を変えていく

天皇の身体は、戦前「玉体《ぎょくたい》」と呼ばれていた。皇位継承者としての運命を背負って生まれた裕仁は、幼い日より将来の天皇、すなわち「神聖にして侵すべからず」この国の君主として、統治権を総攬し陸海軍を統帥するための特別な教育や訓練を受けることになるが、その中でまずもって重視されたのが、強健な「玉体」をつくりあげることであった。そのために重視されたのが「御運動《おうんどう》」であり、成長にともなってスポーツがその中心を占めるようになる。

こうした変化は、皇居の光景にも変化をもたらしていく。たとえば、昭和天皇夫妻が最も長く暮らした「大宮御所」や平成天皇夫妻の住居である「御所」などがある吹上御苑《ふきあげぎょえん》。ここは現在、巨木がうっそうと生い茂る約二五万平方メートルの広大な森であり、自然の息吹に満ちている。こうした現在の風景からはもはや想像すらできないが、明治の初め、そこは見晴らしのよい日本庭園であった。そこにやがて乗馬のための馬場が、さらにゴルフ場、そして二五メートルの屋外プールが造られ、冬にはゴルフ場の斜面でスキーも行われるようになる。

本書では、これまで秘密のベールに包まれていた昭和天皇とスポーツの関係をさまざまな史料によって紐解き、その実像を明らかにしてみたい。昭和天皇とスポーツの関係は、虚実入り混じりながら多くの興味深いエピソードであふれている。それらを歴史的に検証しながら、昭和天皇の素顔にせまってみたい。そこには、西洋化と伝統の相克や近代天皇制国家のあり方、さらには十五年戦争といった日本の近代をめぐる重要な問題も顔をのぞかせるはずである。

＊

本書では、引用文献を本文中に（　）で示したが、各文献の副題や共編著者名などは、紙数の関係から原則として省略した。また、次の史料については、それぞれ略記し、一九〇五・一〇・一三などと日付を記載した。

・宮内庁『昭和天皇実録』（二〇一四年九月公開）、宮内庁『昭和天皇実録』第一〜四（東京書籍、二〇一五年）→『実録』および実録

・『読売新聞』→読売、『東京朝日新聞』→東京朝日、『東京日日新聞』→東京日日

・トク・ベルツ編（菅沼竜太郎訳）『ベルツの日記』上・下（岩波書店、二〇〇三年）→ベルツ日記

・「木戸孝正日記」、岩壁義光他「昭和天皇御幼少期関係資料」『書陵部紀要』第五三〜五五号、二〇〇一〜二〇〇三年→木戸日記および木戸日記関係文書

・入江為年監修、朝日新聞社編『入江相政日記』第一巻（朝日新聞社、一九九〇年）→入江日記

・「小倉庫次日記」、『文藝春秋』二〇〇七年四月号→小倉日記

引用にあたっては、句読点や濁点を追加し、漢字は現用のものに換え、送りがなは原則としてひらがなに統一するなどの修正を加えた。引用文中の〔　〕は引用者による注記である。

体質改善と御運動

幼稚園時代

幼少時代の生活と遊び

里子に出される

誕生からわずか七〇日。裕仁《ひろひと》は、両親から引き離され、枢密《すうみつ》顧問官の川村純義《すみよし》伯爵の家に預けられる。里子制度の風習がまだ生きていたのだ。皇太子嘉仁《よしひと》が直々に養育を委嘱した川村は、海軍卿《きょう》（海軍大臣）などを歴任した薩摩出身の軍人で、このとき六四歳であった。

「余固《よもと》より才なく而《しこう》してすでに老ひぬ。重任堪ゆる所にあらざれども、殿下の御直命黙止し難く、御受けを致したり」。『国民新聞』が報じた川村の心境である。さらに川村は、裕仁の養育について、「第一に祈念すべきは心身共に健全なる発育を遂げさせ給はんことなり」と健康を第一とし、天性を曲げないこと、物に恐れず人を尊ぶ性質を養い、難事に耐える習慣をつけ、気ままや我ままを完全に取り除くことを目標としてあげた。また、

「国際社会の一員」となった日本の君主に必要とされる英仏などの重要な外国語を修得することも必要であると語っている（実録一九〇一・七・七）。

川村家は、東京の麻布区飯倉狸穴町《いいくらまみあな》（現在の港区麻布狸穴町《あざぶまみあなちょう》）にあったが、敷地内に二階建ての木造洋館が新築され、裕仁に日当たりのよい二階の洋間が当てられた（星野甲子久「誕生から即位へ」、山本七平他『昭和天皇全記録』講談社、一九八九年）。

皇太子嘉仁は、毎年避暑・避寒のため、箱根や熱海、葉山で静養していたが、これは川村家で養育中の裕仁にも適用され、避暑のため八月八日から約一カ月、日光の御用邸に滞在した。そのため、本来なら生後一二〇日目に行われるはずの「箸初《はしぞめ》の礼」も、一〇月に延期された。裕仁の健康を第一とするという養育方針が、宮中の儀礼よりも優先されたのだ。川村家では、二人の乳母や赤十字社の老練な看護婦二〜三名が付き添い、侍医《じい》も毎日診断に訪れ（ベルツ日記一九〇一・九・一六）、また、真言宗の僧侶に依頼し、毎月、裕仁の健康祈願の加持《かじ》が行われた（実録一九〇一・七・一〇）。

裕仁の養育掛をつとめた鈴木孝《たか》は、次のようなエピソードを聞いている。

川村家時代の頃、大磯かどっかに御転地になってる時に、肺炎を遊ばしたんですが、主治医たちが御心配しまして、湿度を十分に取らなければならないが、小さな物では湯気がたくさん立たないだろうというので、据風呂を部屋に持ち込んで来て、手桶にお湯を汲んで来てはそれに入れて湯気を立てたそうです。（鈴木孝「天皇・運命の誕生」）

必死の看護がなされたのだ。侍医の加藤照磨によると、この時裕仁は肺炎ではなく、喉頭炎だったという。一歳のころ、大磯の鍋島侯邸に滞在中に喉頭炎に罹り、状態も重く、「窒息し給ふかと思ふほどに烈しかつた」。さらに加藤は、このころの裕仁は「繊弱《かよわ》の御体質であつた故に、過度の御鍛錬は却《かえ》つてお障《さわ》りを来たす」との懸念から、世間から「多少避難の声」があったが、「夏は日光にお伴して暑を避け、冬は沼津の御用邸に寒を避け、御大事に而《しか》も御強健にお育て申上げるに務めた」と述べている（「御健康と御高徳の一端」『実業乃日本』一九二四年二月号）。

川村家から皇孫御殿へ

皇太子嘉仁夫妻は、子宝に恵まれ、翌〇二年六月には、次男の淳宮雍仁《あつのみややすひと》が生まれた。雍仁も裕仁とともに川村家に預けられたが、それから二年たった一九〇四年の夏、二人に大きな転機が訪れる。養育を担当していた川村が病死したのだ。

「今朝川村伯葬儀に付、両皇孫殿下門外御運動御見合せ相成り、御庭先きにて御遊戯を被遊《あそばす》」。東宮侍従長《とうぐうじじゅうちょう》の木戸孝正《きどたかまさ》は、日記にこう書いている（木戸日記一九〇四・八・一五）。些細なことのようにみえるが、この記録が意味しているのは、養育担当者の死というよう

図1　幼少期から立太子礼までの生い立ちをたどった写真（『実業之日本』1924年2月号より）

な一大事がない限り、屋外での御運動が日々確実に実施されていたということである。御運動がいかに重要な日課として位置づけられていたかがわかる。

川村の死後、東宮侍従長の木戸が裕仁と雍仁の養育上の責任者を兼務することになるが、その就任にあたって木戸は、日常の衛生に関しては、侍医がその中心となるが、側近も日ごろより「両殿下の御健康に厚く注目し、時々相互の意見を交換参酌」し、「健全なる御成育」に努めなければならないと主張した（同関係文書一九〇五・三・二八）。木戸が裕仁らの健康管理を最重要事項としてとらえていたことがよくわかる。木戸は、それから一年間、養育上の責任者をつづけることになるが、彼の日記には、裕仁の健康状態とそれを気遣うさまが克明に綴られている。これについては後で取り上げることにしよう。

一九〇五年四月。裕仁と雍仁は、避寒のための沼津での滞在を終えた後、川村家には戻らず、皇居に帰ってきた。青山離宮の御産所が「皇孫仮御殿」と名づけられ、そこで兄弟で暮らすことになるが、その建物が東宮御所の隣で同じ囲いの中にあったため、皇太子夫妻が散歩の時に縁側の方から入って会うといったことも自由にできるようになる（鈴木孝「天皇・運命の誕生」）。そして同年一一月からは、三男の光宮宣仁《てるのみやのぶひと》も加わり、兄弟三人での生活が始まる。

幼稚園のはじまり

皇孫仮御殿における裕仁らの養育は、養育主任である木戸や養育掛、そして侍女《じじょ》らによってなされたが、川村家に雇われていた看護婦や侍女に加えて、元東京女子師範学校訓導の足立孝を侍女に抜擢するなど新たな人材が登用された。幼稚園教育を実施するためである。こうして、皇居内に設けられた幼稚園で、「御相手」に選ばれた者と一緒に学び、遊び、また、華族女学校の幼稚園に月に一〜四度ほど通うようになる。

最初の御相手に選ばれたのは、久松定謙、千田貞清などの四名で、全員が華族女学校幼稚園の園児であった。彼らがはじめて皇孫仮御殿を訪れたのは、一九〇五年一〇月。そして翌一一月から、日曜以外は毎日、朝食後に画方、工作、唱歌、遊戯などの幼稚園の課業が行われ、午後に御相手たちと遊ぶようになる（実録一九〇五・一〇・一三／一一・一五）。

さらに翌〇六年五月からは、幼稚園課業が本格化し、八名に増えた御相手のうち千田をのぞく七名が二組に分けられ、隔日で午前九時から裕仁といっしょに幼稚園教育を受けることになる（同一九〇六・五・四）。同年一〇月二〇日の『読売新聞』は、そのころの様子を次のように報じている。

裕仁・雍仁両親王は、毎日起床後に天皇・皇后と皇太子・同妃の肖像に拝礼し、九時からは、「御学友」とともに皇居内の幼稚園において教育を受けられ、午後は新宿御苑をはじめ浜離宮《はまりきゅう》、高輪《たかなわ》御用邸、御殿内や庭で「御運動在らせらる、」。雨天の時は、学友と侍女等を相手に鬼ごっこ、隠れんぼう等の「御戯れ」あり。近ごろは「体操、角力《すもう》等の活発なる御遊」を好まれるため、二、三日前に庭の運動場に「ぶらんこ、丸木其他の体操器械」を新設した。

御相手たちとの遊び

この記事では「御学友」と報じられているが、正式名称は「御相手」である。裕仁より一歳年上で、学習院初等科に入学後も御相手をつとめた千田は、

お相手というのは世間を見せる役です。四人選ばれてね。久松定謙、稲葉直通、京極高鋭（古川緑波の兄）と私です。女官から箸、茶碗の持ち方を習い、お行儀の悪いことを教えなければいいので、喧嘩してもいい。ご学友の人たちは〝殿下〟と呼んでお供の役だが、われわれお相手の四人は〝迪宮《みちのみや》〟と呼んだ。ビリヤード、相撲、乗馬のレッスンまで一緒で暴れまわった。（宝石編集部「私が目撃した天皇の喜怒哀楽」、猪瀬直樹監修『昭和天皇』新人物往来社、一九八九年）

という。御相手と御学友の二種類があり、千田たち四人は裕仁を「迪宮」と呼び、それ以外の者は「殿下」と呼んだというのだ。御相手の中でももっともわんぱくで、裕仁をよく泣かせたという千田は、「三大節のとき、桂太郎（首相）が皇孫御殿に現われると、四つん

ばいにならせてお馬にする。その馬を取りっこして部屋の中を歩かせる。殿下とはつかみ合いの喧嘩もしたし、殿下に相撲で投げ飛ばされたこともあります」（同前）といったエピソードも紹介している。裕仁は、桂太郎大将を慕い、必ず「桂のじいや、馬になれ」とせがんだ。せがまれると桂は、金ピカモールの大礼服のまま、よつんばいになる。「ハイドウ、ハイドウ」裕仁がそれにまたがると、千田も負けずに尻馬に乗った（週刊文春編集部「天皇の庶民体験」『週刊文春』一九七五年一〇月九日号）。

「お六つとお七つの御えらき宮様に在らせらるれば、之れよりはあまり御涙をいださせたまはぬ様に遊ばす事」。一九〇七年一月の幼稚園の始業にあたって、側近らが裕仁と雍仁に与えた注意である（実録一九〇七・一・一〇）。六〜七歳にもなった「御えらき宮様」が泣いていてはダメだと側近たちが二人を諭したのだ。そうした注意が必要なほど二人は、よく泣いたということだが、千田のわんぱくぶりもその一因だったのだろう。

鬼ごっこ　先の新聞報道にもあるように、裕仁たちのそのころの遊びとしては、「鬼事」と呼ばれていた鬼ごっこや人取りといったものが多く、そこに皇太子夫妻が参加することもあった。鈴木孝は、次のように当時を回想している。

みんなで鬼ごっこが始まるんです。大正天皇さまや妃殿下を初め女官から武官まで皆が広い所で鬼ごっこをする訳です。なにしろ大きな柱などがございますから、いちどぶつかってお学友が怪我をされたことがあるので、それからは鬼ごっこというと、薄いふとんをこしらえて、当って怪我しそうな柱はいちいち縛って、ぶつかっても大丈夫なようにしました。お学友さんは大正天皇や妃殿下をつかまえるのが楽しくてしょうがないのでつかまえるんです。また、その時分のこと殿下方も御一緒に竹馬の鬼ごっこがお庭で始まるんですよ。「これには乗れない」と先帝さま〔明治天皇〕は妃殿下とお笑いになっていられました。私どもは若かったもんですから、竹馬に乗って鬼ごっこしたものです。（「天皇・運命の誕生」）

何ともにぎやかで楽しげな光景である。『実録』にも「御相手・側近も打ち交じり、盛んに鬼事を行われる」（一九〇六・一〇・四）、「鬼事の際には皇太子・同妃も参加される」（一九〇七・四・二二）といった記録がある。また、鬼ごっこや人取り以外の遊びとして、汽車遊び、シーソー、郵便遊び、綱引き（一九〇六・九・一八）、まり投げ（一九〇七・一・一〇）なども行われた。この時期の裕仁らの日常の御運動は、このような遊びを中心としたものであったのだ。

強健な身体をつくるために

ベルツの評価

皇太子嘉仁の侍医《じい》をつとめたドイツ人医師、エルウィン・ベルツ。幼少期における体育の重要性を早くから主張していたベルツは、一九〇二年四月に開催された第一回日本医学大会で行った講演のなかで、「身体を幼時から強壮にすること」「病気が起こるまで待つのではなく、虚弱で危険な個所を遅滞なく見分けて、これを両親に注意し、適切な助言を与えること」の重要性を強調するとともに、「身体を強健にすること、つまり体育について、医師自身がなんの理解も持っていない」ことが大問題なのであり、「大方の国々における医学教育の欠陥はこの点に存する」と指摘している（ベルツ日記一九〇二・四・二二）。

一九〇四年一〇月、皇太子夫妻を訪ねた際の裕仁らの印象について、ベルツは、「いとけない皇子たちはこの上なく可愛らしく、健やかで、元気がよい。洋式の子供服姿で、その服装にすこぶる満悦の様子だった。このようにズボンと長靴下の洋服は、事実、幼いものにとっても、脚の運動を阻む長い日本服よりは、はるかに着心地のよいものである」と日記に書いている（同一九〇四・一〇・九）。

さらに翌年三月の日本を離れる間際、沼津の御用邸で会った裕仁と雍仁の印象を、「上の二人の皇子は現在、ほぼ四歳と二歳半になるが、まことに可愛らしい」「どちらも、洋式のセーラー服に短ズボンである。天気がよいと、二人とも終日、御苑内や海岸の砂浜で遊ばれる。女官は賢明にも、他の子供と同様に、自由に遊ばれるようにしている」（同一九〇五・三・二二）と記している。

医学的な見地から体育を重要視するベルツは、運動に適した洋服を着用していることや侍女らが裕仁らを一般の子どもたちと同様に自由に遊ばせていることに大きな満足を得ていたのである。

また、ベルツは、嘉納治五郎《かのうじごろう》が編み出した柔道を「身体を強健にし、これを組織的に完成するには、おそらくこれ以上に完全な方法はないと思う」（同一九〇三・一二・一四）と絶賛し、また、東京帝大医科大学の学生が二〇年前と比べて、「遙かに堂々たる体格をし、強壮で端麗」となったのは、「体育向上とスポーツ愛好の結果である」（同一九〇三・一二・二四）と評価していた。では裕仁は、ベルツが絶賛した柔道やスポーツを行ったのだろうか？

ボール遊びなどの登場

「そのころ、遊びとしては、テニスとかピンポンというハイカラなものでなく鬼ごっことか人取りというものを遊ばしてお遊びになりました」（「天皇・運命の誕生」）。鈴木孝はこのように述べているが、裕仁らの成長にともない、側近たちも屋外での活発な運動としてスポーツに注目し始めていた。一九〇七年二月四日の『読売新聞』が、皇孫三兄弟は、とくに「野外遊戯」がお好みで、「フットボールやテニスを行はせるゝより、此程御養育掛清水重子女史は、本郷五丁目の運動機械販売店へ御用品として、フツトボール、ミツト、エキサーサイザー、輪投外数品の遊戯具を注文されたりと云ふ」と報じているのはそれを示すものといっていいだろう。サッカーやテニス、野球の用具を購入していたのだ。

この記事に登場する本郷五丁目の運動具店とは、美満津商店にちがいない。「エキサーサイザー」とは、当時のカタログにあるイギリス製の室内運動器具、エキセルサイザー（Exerciser）であろう（中嶋健「二〇世紀初頭における日本のスポーツ用品産業」『下関市立大学論集』第五七巻第二号、二〇一三年）。同年一〇月六日の『実録』に「フットボール、木馬飛び、輪投げ等」、二〇日には「ボール遊びなどをされる」とあるように、購入したフ

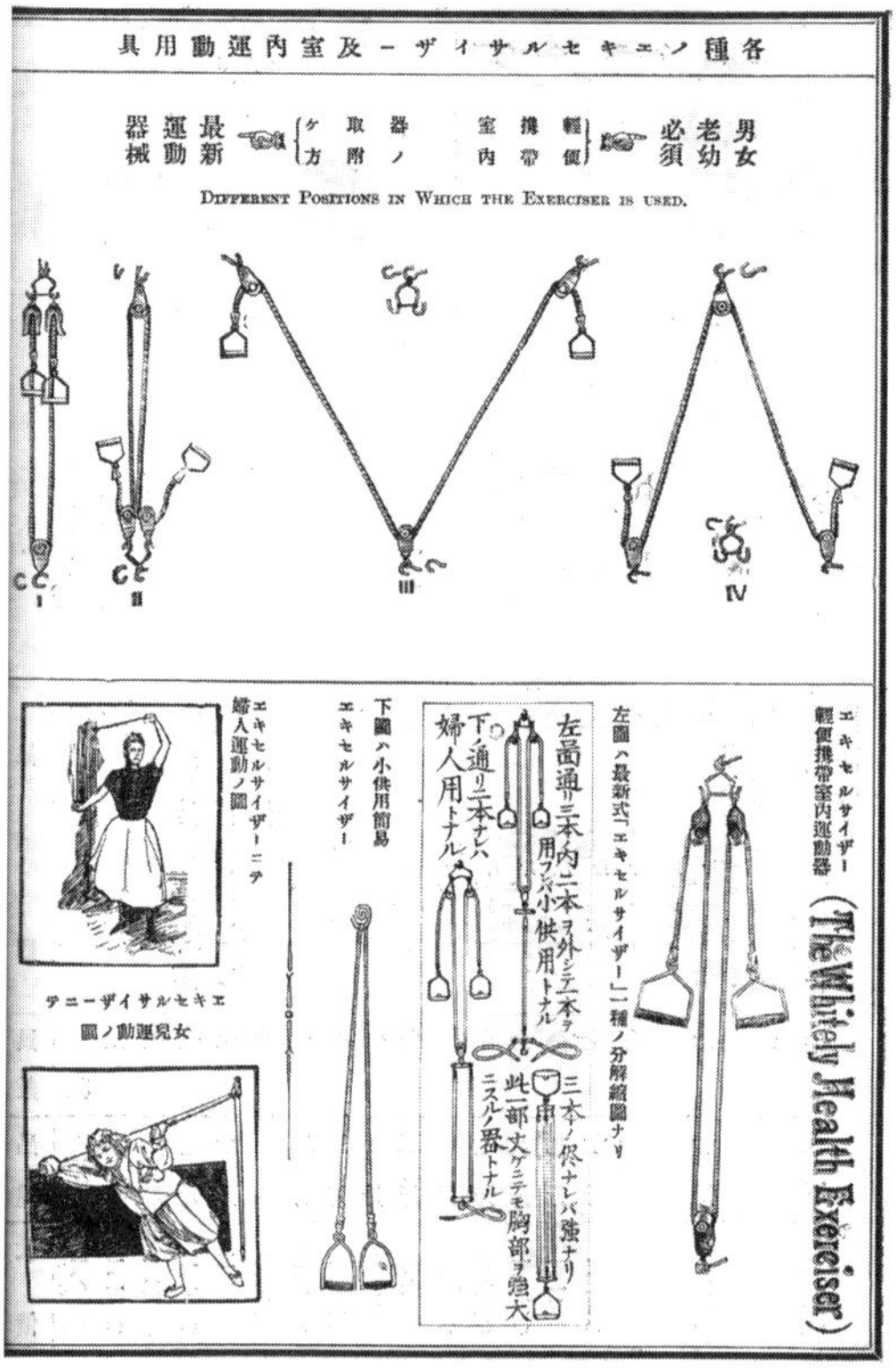

図2　エキセルサイザー（美満津商店のカタログより）

ットボールなどが実際に使用されるようになる。

また、このころ、クロックノールという耳慣れない室内遊びもやっている（同一九〇七・九・一二）。クロックノールとは、花王居主人『クロック術』（高美書店、一九〇三年）という当時の解説書によると、英国から輸入されたもので、九〇センチほどの盤の中央部にいかに自分たちの球を多く残せるかを争う、カーリングのようなゲームであり、この本では、知らず知らずのうちに屈んだり、立ったりと「適宜の運動」となるので「体育上」よりみても「有益なる遊戯の一つ」であるとその意義を強調している。こうした体育上の意義や最先端の西洋文化の紹介といった点から、裕仁らの遊びにも取り入れられたのだろう。

戦争ごっこと乗馬

日露戦争は、裕仁の三～四歳時、川村家から皇居に戻ってきたころの出来事であったが、このころ裕仁は、外から聞こえる「号外、号外」と「チリン、チリン、チリン」という鈴の音をまねて歩いたり、ブリキでこしらえたオモチャの軍艦をたくさん並べて遊び、「こっちはロシアでこっちは日本だ」といって、ガチャンとぶつけて遊んだ（鈴木孝「天皇・運命の誕生」）。戦争ごっこの際、裕仁は、敵に対して躊躇せず、「必ず降伏せしむるまで突進」したが、こうした行動を側近たちは、「かかるおりの御勇気は、実に畏《おそ》れ入りて拝し奉るほどなり」と絶賛した（「迪宮殿下淳宮殿下御状況報告」、原敬関係文書研究会『昭和天皇のご幼少時代』日本放送出版協会、一九九〇年）。

大元帥として将来不可欠のものとなる乗馬も始まった。『実録』によると、一九〇七年一〇月二〇日、雍仁とともに、主馬寮《しゅめりょう》赤坂分厩で、朝鮮馬に乗ったのが最初である。その時の様子を鈴木孝は、当時韓国統監をつとめていた伊藤博文が「まことに小さな朝鮮馬をね、皇孫殿下の召すためにって、献上されまして、それを主馬寮で飼っておりまして御運動のついでに、そこにならせられて、主馬寮の技師が、屋根のある馬場でお乗せしたのでした」と述べている（「御幼少時代をお偲びしての座談会記録」、秩父宮記念会『雍仁親王御事跡資料』一、一九六〇年）。それは「ただお乗りになって、誰か口をとって、ポカポカと歩かしたという」ものであったが、裕仁と雍仁はこの時それぞれ「新たに完成した鞍」を使用していることから、単なる偶然ではなく、乗馬のための準備がなされていたことがわかる。

鈴木孝によれば、それより先、「どうしても将来は乗馬する機会が多いから」と明治天皇が大きな木馬を裕仁と雍仁に贈り、裕仁らはよくその木馬に乗って遊んだという（「天皇・運命の誕生」）。木馬遊びには、このような特別の意味が込められていたのだ。「桂のじいや、馬になれ」とせがまれ、金ピカモールの大礼服のまま、よつんばいになって裕仁を乗せて歩いた桂太郎にも、同様の思いがあったのだろう。

裕仁らの御運動のすべてが自由な遊びであったわけではなく、将来の大元帥としての教育も周到になされていたのだ。

新聞報道とのギャップ

すくすくと成長している健康で元気な男子。これが新聞報道を通して伝えられた裕仁の姿である。たとえば、箱根で避暑中の裕仁と雍仁の様子を報じた一九〇四年八月二七日の『読売新聞』は、二人とも非常に健康で、転地後、薬を飲むことは一度もなく、子どもに多い感冒や下痢等も一度もない。丸々と太って可愛いさがさらに増し、裕仁の体重は一五・四キロ、雍仁は一五キロとなり、歩行もなかなか達者で、毎日御用邸やそこから五五〇〜六五〇メートル山上の浅間社《せんげんしゃ》、あるいは一六〇〇メートル離れた小涌谷《こわくだに》等に行き、食事も転地前に比べると約三分の一増加したなどと報じている。

裕仁は、このころより、華族女学校、学習院初等科、同中等部、避寒地の修善寺《しゅぜんじ》の小学校などあちこちの運動会を観覧するようになる。これらのうち、修善寺小学校の運動会を観覧した際には、相撲が「殊《こと》の外お気に入りの御様子にて、身じろぎもせず御覧になり、御帰還後は相撲のまねなどしてお遊びになる」（実録一九〇六・一二・一〇）。運動会の観覧はこうした刺激を裕仁に与えたのだ。

しかし、こうした新聞報道は、裕仁が元気であった瞬間をクローズアップしたものであり、当時の生活をトータルに見た場合には、むしろ病弱であったという評価の方が正しいだろう。

話を戻そう。裕仁と雍仁が川村家を去ることになり、避寒のため沼津の御用邸に移ったのは、一九〇四年一一月九日であったが、木戸孝正の日記によると、その後二人は毎日元気に過ごし、滞在一〇日目の一九日には、朝九時ごろから海岸に出て、楽凧、石拾い、戦争ごっこ、軍隊ごっこで遊び、一〇時ごろ帰り、昼寝の後、人力車で江の浦に行き、獅子浦のはいり口まで歩き、四時過ぎに帰宅した。しかし、この夜、裕仁は夕食を多く食べ残し、その翌日、鼻孔カタルと診断され、体温も下がらず、食欲もない状態となる。東京より出張診察に赴いた加藤照磨侍医の診断も一時的な感冒というものだったが、その後もたびたび体温が上がり、食欲減退をくり返した。風邪は翌年にまでくり越し、「病後始めて御入浴」するのは一九〇五年一月三〇日である（以上、木戸日記一九〇四・一一・九―一九〇五・一・三〇）。

一九〇五年の末に側近によってまとめられた「迪宮殿下淳宮殿下御状況報告」の「御恐怖」の項をみると、「身体の御異常を御心にかけさせたまうことも、過度におわします」とあり、また、「御注意」の項では、「御健康のときには、現今は二十分時間ほど、ある事物につきて御注意を御集注あそばさる。以前においては（もっとも、御健康の度によれども）、時として二、三分時間にして転々移らせたまう御事あらせられたり」と健康の不安定ぶりが記録されている。また、外よりも邸内を好んでいたが、「近来は、御健康の御進みあそばされしゆえにや、非常に御快活に成らせられ、み内〔邸内〕にあらせられても、お海岸にならせられても、熙々《きき》として御遊嬉《ゆうぎ》あそばしたまう」などと健康状態が改善されている様子についても報告がなされている。

さらに「明治三十九年迪宮殿下御養育状況」（『昭和天皇のご幼少時代』）には、翌〇六年の一年間の「御病状の御情況概略」が記されている。この年の入浴の記録をみると、風邪のため入浴しなかった日は、一月が一日、二月が六日、三月が三日、四月が七日、五月が一一日、六月が一〇日、七月が五日、八月がゼロ、九月が三日、一〇月が五日、一一月が一日、一二月が三日と、計五五日におよぶ。風邪に罹らなかったのは八月だけであり、風邪以外にも食欲不振や消化不良、下痢、発疹などに罹っている。

体質改善の取り組み

「迪宮殿下淳宮殿下御状況報告」には、朝の御拝礼の前の手洗いと嗽《うがい》が日課となっていると記されている。裕仁が嗽ができるようになったのは一九〇五年七月のことだった。木戸は、その翌日の日記に、「先日来御嗽口《そうこう》御自身に御出来無かりしが、昨日午後より御出来始め相成り、御自身にも余程《よほど》御悦びにて皆々へ御吹聴被遊《あそばされ》たる位なりし」と書いている（木戸日記七・一四）。裕仁がみんなに吹聴して歩き、木戸が日記に書き留めるほど、嗽の成功は一大事件だったのだ。同「報告」にも、「御食後含嗽《がんそう》の御練習も、ながき間御苦労あそばされしが、ようやく御上達あそばされたり」とあり、裕仁が嗽ができるようになるまで長い時間を要したことがわかる。嗽がこれほどまで重要視されたのは、それが風邪等の予防策として有効と見なされていたからであろう。嗽を日課とするようになった翌年も、裕仁が何度も風邪をひいたことは、先に見たとおりである。

侍医の加藤照磨は、「その頃の殿下は時折御加減が悪く、御食欲の少いこともあり、或は下痢を遊ばすこと」もあったが、「弟宮の秩父、高松宮両殿下の御誕生になつてからは著しくお健《すこやか》にならせ給ふた」と述べている（「御健康と御高徳の一端」）。健康状態が以前よりもよくなっていることは、先の「御状況報告」にもあるとおり確かな事実であるが、著しく健やかになったという加藤の評価は、明らかに誇張であろう。実際にはそれ以降も、裕仁の健康状態は芳しくなかったのだ。

こうした裕仁の病弱ぶりは、当時の新聞などには一切報道されなかったが、当時の養育記録などに記された事実に照らしてみるならば、健康のために重要視された御運動もまた、裕仁の健康状態に左右され、病気の合間を縫って実施されることが多かったというのが実情であろう。

一九二七年から侍従として仕えた永積寅彦《ながづみとらひこ》は、昭和天皇の幼少時代の養育日誌を見て、「葉山や沼津の御用邸にいらして、朝、お食事前に海岸でご運動をなすって、お食事がすんで、復習をなすって、復習のあとまた海岸にいらした。午後は海水浴をなさって、夕食のあとまた海岸にいらっしゃるんですね。ご健康について非常に務めておられた。私ものち（昭和十年代）に侍従傅育官《ふいくかん》として、皇太子さま（今の陛下）、義宮（常陸宮）さま、内親王さまにもお供しましたが、お誘いして出るのはそれほどの回数はしなかった。当時の人は偉かった。意気込みが違ったんだなという気がいたしました」（永積寅彦『昭和天皇と私』学習研究社、一九九二年）と述べている。

裕仁の「繊弱《かよわ》の御体質」を改善するためには御運動が必要である。しかし、「繊弱《かよわ》の御体質であつた故に、過度の御鍛錬は却《かえ》つてお障《さわ》りを来たす」と侍医の加藤が懸念していたように、裕仁の養育にたずさわった側近たちは、こうしたジレンマを抱えながらも、繊細な注意と強い決意をもって、皇位継承者の体質改善に取り組んでいったのだ。

武道との出会いと遊び

学習院初等科時代

乃木院長による武道奨励

裕仁入学のインパクト

七歳の誕生日を目前にひかえた一九〇八年四月一一日、裕仁は、学習院初等科の始業式に出席する。小学校生活のはじまりである。当時の学習院は、華族の子弟を主な対象として設立された宮内省所管の官立学校であり、初等科だけでなく、中等科と高等科、そして女子部も設けられていた。

裕仁の入学準備は入念に進められ、前年一月には、陸軍大将の乃木希典《のぎまれすけ》男爵が、明治天皇の要望によって学習院院長に就任している。日露戦争で旅順占領などの指揮をとったあの乃木大将である。乃木は明治天皇の意向を受け止めて、側近らと検討を進め、六カ条からなる教育方針を打ち立て、裕仁の教育にのぞんだが、それは、「健康を第一と心得べきこと」、行動や成績に関しては通常の児童と同様に指導し、勤勉で質素な人格、そして軍人として育てることを目標としたものであった（実録一九〇八・二・二七）。

裕仁の入学準備は、教育課程やハード面などにも及んだ。

学習院では、裕仁の入学に間に合わせて三つの教室を増築し、そのうちの一室を裕仁の学級、もう一室を控所とし、残りの一室は、翌年入学する雍仁《やすひと》の学級の教室とした。それと同時に、雨天体操場を新築し、さらに同年九月には近隣の民有地を買収して新しい運動場をつくり、これを第二運動場と称した。健康を第一とする教育方針は、新たな運動施設をも生み出したのだ。学習院は、前年度より新しい教育課程を施行し、初等科一～六年で、週二六～二七コマの授業うち三コマを体操にあてた。これは国語と算術に次いで多い。

図3　乃木希典

このように裕仁の入学に合わせて、初等科の校舎の増改築などを行う一方で、中等科および高等科の新校舎を目白の高田村に建設し、同年八月の完成とともにそこに移転した（以上、学習院百年史編纂委員会編『学習院百年史』第一編、一九八一年）。こうして二学期から学習院のキャンパスが二分され、裕仁の通う初等科のキャンパスから中等科以上の男子生徒がいなくなったのだ。裕仁の学習環境としては、これが最大規模の変化であろう。

クラス編成と御学友

明治天皇に提出された裕仁の通学に関する方針（実録一九〇八・四・一二）には、食堂やトイレ等も別に設置するとあることから、これらの施設も新設されたのだろう。また、この方針には、校内の衛生についてより一層注意すること、同級生は一五名以下とし、すべて華族以上の子弟で品行方正かつ「家庭の正しき者」を選抜するといったことも定められている。

こうした方針に従い、初等科一年は東・西の二つのクラスに分かれ、裕仁は、華頂宮《かちょうのみや》博忠《ひろただ》、久邇宮《くにのみや》邦久《くにひさ》らと同じ計一二人の西組に入った。クラス名はその後変更されたが、クラス替えはなく、一人が途中で転校した以外、クラスメイトは六年の卒業時まで全員一緒だった。もうひとつのクラスの人数が二六〜二七人であったことから、裕仁のクラスがいかに特別なものであったかがわかる。授業は、体操、図画、手工、唱歌は二クラス一緒で、その他の教科は別々になされた（「いま初めて語る陛下の少年時代」、『週刊読売』一九八八年一月三・一〇日号）。

学習院入学後には、「御相手」ではなく、「御学友」という名称が使われるようになるが、クラスメイトの中から最初に御学友に選ばれたのは、松平直国《なおくに》、久松定孝《さだたか》、そして幼稚園時代から御相手を務めた渡辺昭の三人であった。御学友のうち、松平と久松は旧藩主の家柄、渡辺は宮内次官の渡辺千秋の孫で、皆華族だった。六月になると大迫寅彦《おおさことらひこ》もその一員に加わる。のちに侍従となり長きにわたって昭和天皇に仕え、回想録『昭和天皇と私』（学習研究社、一九九二年）を著す永積《ながづみ》寅彦その人である。大迫は旧姓で、寅彦の伯父で陸軍大将の大迫尚敏《なおとし》（のちの学習院院長）が華族であったため、寅彦も華族扱いであった。

裕仁はランドセルを背負い、皇孫御殿から学習院までの七〇〇～八〇〇メートルの道を、入学当初は馬車で、そして一一月からは歩いて通学した。通学時には、フロックコートに山高帽姿の事務員と養育掛らが裕仁の前後を歩き、ずっと前の方に一人、警察官が警護についた（永積寅彦『昭和天皇と私』）。学習院に到着後、まずはじめに行うのが呼吸体操で、それが終わって八時（一一月からは九時）から授業が始まる。平日には四～五時限、土曜は三時限の授業を受け、帰宅後は、「御学友」が交代で授業の復習や御運動、遊びの相手を勤めた（実録一九〇八・四・一三）。

木剣体操の導入

学習院では、平素から軍務に服する志操を養成し、陸海軍学校へ進む素地をつくるため、中等科以上の生徒に対する軍事教育がとくに重視され、教練を中心とする「武課」が設けられていた。一般の学校の「体操」を学習院中等科以上では「武課」と呼び、体操、教練、射撃、乗馬、行軍演習、課外における随意課目として游泳演習、剣道、柔道などが行われていたのである。乃木院長は就任早々、こうした武課の内容にも改正を加え、一九〇七年四月より剣道を中等科一・二年の正課に、翌年一〇月からは柔道も中等科三・四年の正課に加えた。

初等科の場合はどうか。初等科では、「武課」という名称は用いず「体操」と呼んだが、五・六年の体操の時間には剣道・柔道を課していた。しかし、裕仁の入学から半年後、中等科と高等科のキャンパス移転にともなう教員等の都合で、これを廃止した。剣道・柔道が必修化された中等科とはまさに対照的だが、初等科ではその後、一九一二年四月から、木剣体操を課すようになる（以上、『学習院百年史』第一編）。

木剣体操とは、木刀による斬る、突く、防ぐといった動作を集団で体操のように一斉に行うもので、当時、静岡県師範学校付属小学校等で実施されていた。一九一一年一二月の初等科の学事視察報告会で、その報告を聞いた乃木院長は、翌年一月に御用掛の小笠原長《おがさわらなが》生《なり》や教官らを従えて実際の授業を視察し、「挙止の敏活」にしてしかも「厳正」であり、「精神上にも且又《かつまた》剣道の予備教育にも効果」が大きいと「非常に之を賞讃」した。こうして学習院の初等科でも、一二年四月より、まずは六年生を対象に木剣体操を実施することになったのだ（学習院輔仁会編『乃木院長記念録』三光堂、一九一四年）。ちなみに乃木は、幕末の江戸に生まれ、一〇歳を過ぎたころより、馬術、弓術、洋式砲術、槍術などを学び、剣術は一刀流の教えを受け、二〇歳で目録を伝授されている（和田政雄編『乃木希典日記』

金園社、一九七〇年)。

ところで乃木は、かつて初等科の五・六年の体操の時間に課していた剣道・柔道を廃止し、それらを復活させることなく、三年半の空白をへて木剣体操を導入した。なぜだろうか?

手がかりとなるのは、乃木の柔道に対する考えである。学習院では、従来課外活動として行われていた柔道の参加資格を満一〇歳以上としていたが、乃木は、筋骨が完全に発達していない幼少の生徒に柔道を習わせるのは、発育上害があり危険であるとしてこれを改め、一九〇八年一〇月より中等科三年生以上に限定した(『学習院百年史』第一編)。発達上の弊害や危険性への配慮から制限を加えたのだ。

当時「撃剣」や「剣術」とよばれていた剣道の場合もおそらく同様であろう。とくに剣道では、竹刀で頭部を打つことから「頭脳を害する」という批判が絶えず、乃木も、昔に比べて体格が劣っている者がいるので「脳を犯すが如きこと有るやも測り難し」と、こうした批判にも理解を示したうえで、現在では技術の進歩によって、「頭部の安全」は確保されているので、各学校ではなるべく早く「活気に富める撃剣」すなわち防具をつけて行う剣道を奨励してほしいと述べている(「武士道問答」『乃木希典日記』)。生徒の身体に対する配慮から、乃木は、安全に実施できる木剣体操を採用したのだろう。

また、文部省が、中学校および高等中学校（のちの高等学校）の「体操」の授業で、「撃剣」「柔術」を実施することをはじめて認可したのが、一九一一年七月であったという点にも留意すべきだろう。木剣体操の採用に向けての動きが起きるのは、同年一二月以降であり、文部省による武道の公認と木剣体操の発見とが、乃木をしてその初等科での実施に踏み切らせたのではないだろうか。

「初等科剣術」とは？

一九一二年六月一日（土曜）の日記に、乃木は、「初等科剣術」と記している（『乃木希典日記』）。待ちに待った初等科の木剣体操がついに始まったということだろうか？

否、六年生を対象とした木剣体操は、四月から毎週月・水の放課後と土曜の三限に行われており、乃木はこれらの授業に毎回出席して、盛んに木刀を打ち振って生徒を激励し、あるいは教官を補助して剣術の模範を示し、古武士の精神を説き、武道の真髄を知らしめるべく奮闘した。「教育者たる者は、常に学生と相接し、其の性質素行及び学力勤惰等を明知」しなければならないという方針を掲げ、みずからも「剣道を以て、学生に直接し、以て彼等の気質を知」ることに努めていたのだ（『乃木院長記念録』）。

四月から週三回授業が行われていたとすれば、五月末までで二〇回ほどになっていたはずである。では、六月一日の「初等科剣術」は何を意味するのか。

興味深いのは、その二週間ほど前、五月一四日にかねてより注文していた「撃剣用具」ができ上がり、裕仁が、弟の雍仁と宣仁、御用掛の松平乗統《のりつな》を相手に剣道の試合を試みていることである（実録一九一二・五・一四、秩父宮記念会編『雍仁親王実紀』吉川弘文館、一九七二年）。これは偶然ではなく、授業のための用具の購入とみてまちがいないだろう。六年生につづいて裕仁たち五年生も、同年四月に廃止された英語の授業と入れ替わる形で、木剣体操を始めることになったのではないか。そして、その初回が乃木が日記に「初等科剣術」と書いた六月一日だったのではないか。

学習院教授の馬場轍は、当時の乃木について次のように述べている。乃木の皇族に対する教育は一風異なり、「東宮殿下〔裕仁親王〕に対しては他の皇族殿下と区別申上げ、絶えず其の限界を明瞭にしてゐた」が、非常に厳格な人であるので、「皇族殿下と撃剣をする時にも、少しでも御気の緩むのを見奉《みたてまつ》ると遠慮なく、した、かに打つ」。そして後になってからみずから医者のところに行って、「今日は大分お打ち申し上げたがお触りはなかつたらうか」と尋ねたという（聖徳奉賛会編『聖上御聖徳録』一九三一年）。

それは、剣道においては「目ばたき一つは、其処《そこ》に一つの隙を生じて、大負傷の基ともなり命を棄つる因ともなる」という自身の教えを忠実に実行したものだが（『乃木院長記念録』）、皇族の子弟の頭を打つという行為は、その乃木をもってしてもやはり不安を禁じえないものだったのだ。この時、思わずしたたかに打ち込んでしまった相手が裕仁であった可能性もゼロではない。

明治天皇が死去するのは、七月三〇日。乃木が日記に「初等科剣術」と書いてから二カ月後である。明治天皇の大喪《たいそう》の当日、乃木は妻とともに自決するが、その前に乃木は、至福の時間であったにちがいない裕仁への剣道指導の機会を得ていたのではないだろうか。

寒稽古

文部省が、中学校の「体操」の随意課目として「撃剣」「柔術」の採用を認めるのは、一九一一年からだが、先にみたように学習院中等科ではそれよりも三〜四年早く、正課必修としていた。学習院における武道重視はそれにとどまらない。真冬に実施される剣道・柔道の寒稽古を中等科一〜三年全員の必修として実施して、皆勤者などに證状や賞品を授与した。

たとえば、中等科および高等科が目白の新校舎に移転し、全寮制を実施してからはじめてとなる一九〇九年の寒稽古は、剣道と柔道を合わせて参加者が一五〇〇余名にのぼり、乃木院長も連日参加し、時にはシャツを二の腕までまくり上げ、ズボンの上から防具をつけて生徒を指導した。この寒稽古には、上田侍従武官も視察に訪れている。明治天皇によって派遣されたのだ。上田は、「これ等子弟は皆名門高家の出にして、蝶よ花よと愛撫せられし公達《きんだち》なり。然《しか》るに其の教育の勇壮厳正なる斯《かく》の如し」と寒稽古を絶賛した（以上、

『乃木院長記念録』、読売一九〇九・一一・一四）。

上田侍従武官による寒稽古の視察は、裕仁の将来的な参加の可能性を見定めるためのものだったのではないだろうか。しかし、当時の裕仁の実際の生活に照らして考えてみると、たとえ裕仁が中等科に進学していたとしても、寒稽古に参加した可能性はきわめて低かったように思える。裕仁は毎年、三学期を避寒のため沼津か熱海の御用邸で過ごし、そこにつくられた学習院教場で、選ばれた御学友とともに授業を受け、放課後も弟や御学友たちと一緒に過ごした。健康を最優先した避寒。それと寒稽古のあいだにはあまりに大きなギャップがあった。

ある冬、熱海で避寒中の裕仁を乃木院長が訪ねた際、裕仁は大きな火鉢に当たっていた。乃木はすかさず、「殿下、お寒いんでございますか。お寒い時は火鉢に当たるよりあの御運動場に行って駆けだしていらっしゃったらいかがですか。御運動場を二、三回お周りになったら暖かくなります」と述べ、これを聞いた裕仁は、さっそく火鉢に当たるのを止めたという（鈴木孝「天皇・運命の誕生」）。それが乃木にできる精一杯のことであったのではないだろうか。ちなみに沼津の御用邸には、周囲をガラス戸で囲んだ「雨中運動場」も建てられた（実録一九〇九・一一・六）。晴雨にかかわらず乃木の教えを実践する環境が整えられたのだ。それは、上田侍従武官が学習院の寒稽古を視察した翌月のことである。同年一二月には、さらに皇孫仮御殿にも「雨天運動場」が建てられた（同一二・二二）。

乃木は、裕仁が学習院に入学する一年前にも、「今日の様に寒い時や雪などが降って手のこごえる時などでも、運動をすればあたたかくなりますが、殿下はいかがでございますか」と尋ね、「ええ運動します」と裕仁は答えている（同一九〇七・四・四）。寒稽古への参加は実現しなかったが、寒さの中での運動の重要性を乃木はくり返し説いていたのである。

学習院が奨励したもの、排除したもの

游泳演習

学習院における水泳の歴史は古く、明治一三年、一八八〇年の夏休みから隅田川で游泳演習を開始し、一八九一年からは游泳場を神奈川県の片瀬海岸に移した。小堀流踏水《とうすい》術の小堀平七が游泳師範として招聘されたのは、その翌年で、小堀はその後、一九三一年の夏まで約四〇年の長きにわたって学習院の生徒に小堀流を伝授した。

学習院における水泳指導は、乃木希典の院長就任によってより強化されることになる。それまでの游泳演習は、原則満一〇歳以上で、任意による参加だったが、乃木が院長となった一九〇七年より、五年生以上とするとともに六年生の参加を必修としたのだ。「游泳は幼年の時こそ覚え易く、又教へ易い。一度覚ゆれば、各自の心懸次第によりて上達する」ものであり、六年生が「適当の時期」であるというのが乃木の見解だった（『乃木院長記念録』）。

片瀬海岸で三週間にわたって実施された学習院の游泳演習は、裕仁の入学したころには、毎年一五〇〜一七〇名が参加するようになり、生徒たちは游泳寄宿舎や天幕（テント）で宿泊し、乃木院長も毎年天幕に宿泊した（『学習院百年史』第一編）。「雨降らばふれ風吹かばふけとも云へぬ天幕かな」。夜中じゅう激しい風雨に見舞われた日に乃木が日記に認めた一句である（『乃木希典日記』）。

裕仁が学習院の游泳演習をはじめて見学したのは、二年生の夏だった。この時裕仁は、避暑のため葉山に滞在中であったが、細川侯爵別邸で乃木院長とともに葉山—片瀬間の遠泳を見た（実録一九〇九・八・九）。来たるべき日に備えての見学ということであろう。雍《やす》仁《ひと》も一緒だった（『雍仁親王実紀』）。

学習院では、片瀬海岸の游泳場が年々避暑客が多くなり、旅館等もふえて風紀上好ましくない環境となったこと、そして将来裕仁らが游泳に参加する場合を考慮して、遊泳場を沼津に移転することにし、一九一二年七月には、沼津の御用邸に隣接する御料地七〇四三坪を宮内省より借用し、宿泊用の寮だけでなく、図書館、浴室、食堂、炊事場、共同購買部などの建物からなる総建坪約四七八坪の寄宿舎が完成する。

この時、裕仁は五年生。こうして游泳演習に参加する準備が見事に整ったわけだが、その機会は直前の明治天皇の死去によって閉ざされる。新しい游泳場での游泳演習は、同年七月二一日より実施する予定であったが、その前日に明治天皇の病状の悪化が宮内省より発表されたため、一時見合すこととなる。そして七月三〇日の明治天皇の死去により、この年の游泳演習が中止となったのだ（以上、『学習院百年史』第一編）。

こうして裕仁が六年生となった翌一三年夏の游泳演習が、学習院在学中に参加できる最後のチャンスとなったわけだが、六年生の必修とされたこの游泳演習にも裕仁は参加していない。なぜか？　いくつかの理由が考えられるが、決定的だったと思われるのは、遊泳演習の期間中に明治天皇の一周年祭が開催されたことである。

明治天皇の死去によって、裕仁は皇太子となる。正式に皇太子となるのは一五歳の立太《りったい》子礼《しれい》の後であるが、これ以降、宮廷用語で「東宮《とうぐう》」と呼ばれるようになり、宮中の儀式や皇室関係の行事など、参加すべき行事が一気に増大する。明治天皇の一周年祭への出席も不可避だったにちがいない。裕仁は、明治天皇の一周年祭が終わった後も、遊泳演習が実施されていた沼津御用邸には行かず、この夏を葉山と塩原の御用邸で過ごしている。

ちなみに弟の雍仁と宣仁《のぶひと》も、学習院在学中に遊泳演習には参加しなかった。兄弟のなかで游泳演習に参加したのは、裕仁の一四歳下の弟、澄宮崇仁《すみのみやたかひと》（のちの三笠宮）だけである。

それは時代がくだって一九二五年のことであり、崇仁は初等科四年から中等科四年までの七年間、游泳演習を皆勤した（「三笠宮崇仁殿下との対話」、金沢誠他編『華族』講談社、一九六八年）。また、昭和天皇の長男、継宮明仁《つぐのみやあきひと》（のちの平成天皇）も、戦後、一九四六年の夏に再開された学習院中等科の游泳演習二〇日間を皆勤している（日本水泳連盟日本泳法委員会編『日本泳法一二流派総覧』上、二〇〇一年）。

裕仁は学習院の游泳演習には参加しなかったが、将来、大元帥として海軍をも統帥する身であることから、水泳も必須であったはずである。裕仁は

水泳

水泳をいつから始め、いつ泳げるようになったのか？

「水泳は、幼稚園の頃から少しずつお始めでした」。永積寅彦の証言だ（『昭和天皇と私』）。また、作家吉川英治の「いつごろから泳げるようにおなりでしたか？」との質問に、自身は、「子供の時分だからいつからというハッキリした記憶はないけれどもいつの間にか泳げるようになった」と答えている（徳川夢声他「天皇を語る」『週刊サンケイ』一九五七年五月一二日号）。

どういうことだろうか。弟の雍仁の場合は、泳げるようになった日が一九〇八年八月三〇日と明確である。この日の養育日誌に、「游泳を覚えさせ給う」と記録されており、その時のことを鈴木孝は、

私達はその当時、アルパカの黒い海水着を着まして、お供で海に入りましたのです。丸尾さん〔養育掛長丸尾錦作〕始め、皆さんがお入りになりました。初めは浮袋を差上げて、それで泳いでいらっしゃいましたのですが、どうしたはづみか浮袋がはなれてしまいましたらね、こうしてお泳ぎになりましたのですよ。（「御幼少時代をお偲びしての座談会記録」）

と述べている。裕仁も、おそらく同様に水遊びから自然に泳げるようになったのだろう。

翌〇九年、二年生の夏。『報知新聞』は、裕仁と雍仁が、葉山御用邸の海浜に作られた専用の海水浴場で水泳の練習をし、当初は一・八メートルほどしか泳げなかったが、帰るころには約二〇〇メートルも泳げるようになったと報じた（伊藤之雄『昭和天皇伝』文藝春秋、二〇一一年）。乃木院長と一緒に学習院の游泳演習を見学したのがこの時なので、それが二人にとっての発憤材料になったのかもしれない。

ただし、『雍仁親王実紀』によるとこの時の実際の上達は、雍仁の場合「游泳距離十八間乃至二十三間」、つまり三〇〜四〇メートルであった。裕仁の上達ぶりは不明だが、先の『報知新聞』の報道がかなり誇張されたものだったことは明らかだろう。裕仁が、自分に関する新聞報道に「過誤」が多いことから、側近に「新聞はあてにならぬよ」と言ったのは、その翌年のことである（「迪宮殿下御心意状態」、原敬関係文書研究会編『昭和天皇のご幼少時代』)。水泳に関する報道内容も、そうした「過誤」のひとつとして、裕仁の記憶に刻まれていたのかもしれない。

カゼをひかないために

さて、三年生となった一九一〇年夏、海水浴の初日の八月四日。裕仁は「かねてより非常の御熱望」であったにもかかわらず、側近の意見を聞き入れて「用心」のため海には入らなかった(同前)。百日咳が完治していなかったためであり、弟の雍仁も、八月一五日に鼻カタルと診断され、一〇日間海水浴を中止した(『雍仁親王実紀』)。

裕仁はのちに、「若い時、よく水泳をした。水泳をすると風邪をひかなくなると言われたが、水泳をすると、かえって風邪をひくように思った。昔はよく風邪をひいた」(山本厳雄「喜寿を迎えられた天皇陛下の健康法」『週刊読売』一九七八年五月七日号)と語っている。初等科入学後、毎朝呼吸体操という体操を授業前に行っていたことは先に述べたが、入学の一カ月後にはそれが「新呼吸体操」になった(実録一九〇八・五・二六)。呼吸体操とは、健康維持のために開発された独自の体操だと思われるが、それに新たな変更が加えられたのだろう。さらに一二月からは、登校前に「五分間筋肉調整運動」(同一二・五)、二年生の秋からは起床後、冷水摩擦も行うようになる(同一九〇九・九・二二)。冷水摩擦については、避寒先の修善寺では、朝の温泉入浴をもってそれに代えたが(同一二・二六)、裕仁はその翌日から発熱している。さらに四年生になってからは、就寝前の柔軟体操も加えられた(同一九一一・四・一一)。

永積寅彦も、初等科時代の裕仁について、「決して頑強という方ではなかったと思います。百日咳などで、二回長くお休みになったという記憶があります。」「時々風邪をお引きになられたし、それ程お弱いというのではありませんでしたが、頑強なほうでもなかったのでしょう」と述べている(『昭和天皇と私』)。裕仁は、この時期においても病気がちであったのであり、それゆえ各種体操や冷水摩擦などが日課となっていったのである。

乃木院長の西洋スポーツ批判

話を少し前に戻そう。乃木希典がはじめて学習院を訪問したのは、院長就任の前年、一九〇六年のことだった。この時、完成して間もないコンクリートのテニスコートで生徒が盛んにテニスをやっており、運動場でも野球をやっていたが、これを見た乃木は、「目下諸学校で盛んに行つて居る西洋から輸入せられた諸種の運動には、やゝもすれば弊害が伴ふこと、学生の運動としては撃剣柔道で十分なること、他の学校と試合などするは熟慮を要すべきことである」などと述べ、さらに同校の教員に対して次のような意見を述べた。

一体一個の柔かな護謨毬《ごむまり》を投げて遊ぶのに、砲台ではあるまいし、コンクリートなどで造るとは、いくら金がある華族の子弟の集つて居る学校でも、随分贅沢《ぜいたく》過ぎた話である。一個の毬を投げるには、小石等は少しあつても、地面に凹凸はあつても、普通の草原などで十分では無いか。……杓子の様な網〔テニスラケット〕で、一度毬を一方から他の方へ折角投げたのを、何故又《また》元の方へ投げ返すのですか。自分は其の理由を聞き度《た》い。……硬い方の毬〔野球のボール〕を遊ぶに、余《よ》程《ほど》広い四角な場所が入用であるといふが、ただ高が知れた一個の毬を互に投げ合ふ遊びだと聞いて居るから、無理に方形でなくとも、細長い場所で事が足りるのでは無いか。

これを聞いた教員は、テニスや野球についての説明を試みたが、それでも乃木は、「西洋の運動は更に訳が分らぬ」と言い、「目下流行して居る西洋の運動には、大々的弊害がある」という見解を曲げなかった。乃木は、その後も「此の頃野球をするから学生の目付まで変り居る。アノ様なものをさせてはいかぬ」と言い放ち、野球やテニスの対校試合等を問題視したが、「学生が多大の興味を感じ居るものを、之に代るべき他の競技をも考へずして、之を廃止するは宜しからず」との理由から強制的に禁止することまではしなかった（以上、『乃木院長記念録』）。

とはいえ実際の野球部は、乃木院長時代に活動を制限され、他校での試合は許されず、学習院で行われた試合も、応援は拍手以外は禁止、見学者も私服の者は袴着用とされ、対外試合が激減し、一九一一～一二年には中等科の試合がゼロ、高等科も三試合にとどまった（学習院野球部百年史編集員会編『学習院野球部百年史』、一九九五年）。それは、『東京朝日新聞』が野球害毒キャンペーンを展開した時期とも重なるが、乃木の野球批判も一九一一年九月一五日の同紙に掲載され、その一翼を担った。

西洋スポーツからの隔離!?

乃木がはじめて見た学習院の運動会は、院長となった一九〇七年の秋季陸上大運動会であったが、後日、職員の集会の席で、「運動会の時にはなぜあのやうな服装をさするのか《ママ》。車夫か馬丁のやうで異様の感をなす。平生の通りの服装にては走れぬものか」「戦争をするからとて裸体になつてするものはない。一寸《ちよつと》走る位に車夫や馬丁のやうな風をせぬでも出来さうなもので、其の辺は考へ物である」などと主張した。

また乃木は、断郊競走《クロスカントリーレース》を実施する際の服装についても、自身の見解を曲げず、学生らに従来のようなシャツに半ズボンという「牛乳屋の様な」服装ではなく、制服で競走するように命じた。これに対し、陸上部の部員たちは、スポーツは日常生活とは異次元のものであること、その世界にふさわしい合理的な服装というものがあること、また、日本の伝統文化であり乃木院長が教育上力を入れている柔道も、これと同様であると主張したが、乃木はひるまず、

断郊競走でも長距離でも、只《ただ》早く走ればよいと云ふのでない。忍耐や克己心を養ふ

のであるから、競走者が皆制服を着て駆ければ御互《おたがい》である。兵隊でも襯衣《しんい》一枚でなければ、重くつて突貫が出来んやうでは困る。殊《こと》にこれから先、殿下方も中学に御出で遊ばされるやうになれば、やつぱり御加入になる事となる。その時に俄に服装を変へるとか、又は　殿下丈《だけ》は御制服を召すと云ふ事は出来んから……

と、戦場での実戦性とともに、最後には、裕仁らの参加を想定した批判をくり出し、部員らを沈黙させた。このやり取りは、一九〇八年五月一〇日になされたものであるが、裕仁が初等科に入学したのはその一カ月前である。乃木は、裕仁にとっての教育環境という観点から学習院のあり方を厳しくチェックし、良からぬものを排除しようとしたのだ。

乃木院長の運動競技に対する評価は「後来の実用如何」、つまり将来役立つかどうか、という観点からなされていた。「剣道は最も之を奨励し、馬術、遊泳等も亦《また》之を奨励せられたり。野球庭球の如きは従来行ひたるを以て之を禁ずるには至らざりしもの、、一向奨励の意はなかりしが、長距離競走、クロスカントリーレースの如きは、学生の疲労を来す事著しきにも拘らず、後来実用に適ふものと認められしにや、寧《むし》ろ之を奨励せられたる」（以上、『乃木院長記念録』）。

以上のようなエピソードや乃木の考えをふまえるならば、中等科および高等科のキャンパスの目白への移転は、西洋スポーツの「弊害」や「牛乳屋の様な」服装から裕仁を遠ざけ、視野に入らないようにする効果を発揮したということになるだろう。

放課後の御運動

御学友たちとの遊び

裕仁は、放課後も御学友たちと一緒にすごした。御学友たちが交代で、裕仁の授業の復習や遊びの相手をつとめたからだ。弟たちの御相手や御学友も一緒だったので、遊びの時は一〇人ほどになった。

放課後は、相撲とか玉ぶつけ、鬼ごっこ、人取りなどをして遊びました。人取りというのは、両方に陣があって、人を捕まえて引っ張っていくという遊びです。ですから当然、腕力の強い人が勝ちます。よく御殿のお庭でやったりしました。そのほかにやったのは、当時のことですから戦争ごっこです。赤坂離宮の大きな池の付近で戦争ごっこをしました。戦争ごっこの時、陛下はもちろん大将。秩父宮さまは斥候《せっこう》でした。遊んだ時に特に遠慮をしたこともありません。ただ、私たちは「陛下」とお呼びしておりました。相撲もお強かった。御養育掛も、遠慮をせずお叱りいたしました。

（『昭和天皇と私』）

永積寅彦の回想である。放課後の遊びには、幼稚園時代と同様の自由奔放さがみてとれるが、戦争ごっこにおいては、将来陸海軍のトップに立つという裕仁の地位が同級生とのあいだに明確な序列をつくっている。それは、学習院初等科でも同様であったにちがいない。

日露戦争の影響で、学習院の校庭でも戦争ごっこが盛んに行われたが、裕仁も御学友とともにこれに興じ、第二運動場の南隅にある築山を「二〇三高地」と命名した。「二〇三高地」は、その後、周囲に柵をめぐらして生徒の出入りを禁じ、のちに各殿下卒業記念の植樹の場所となった（『学習院百年史』第一編）。ちなみに裕仁が実際の陸軍歩兵の対抗演習をはじめて見学したのは、四年生の夏だった（実録一九一一・八・二七）。

皇孫仮御殿に「雨天運動場」が建てられたのは、先にも述べたように二年生の時で（同一九〇九・一二・二二―二三）、その建物は回りが板壁で上のほうにガラス窓があり、広さは六《メートル》×一〇《メートル》ぐらいで、跳び箱等があった。運動が終わると、おやつに饅頭などがよく出たという（『昭和天皇と私』）。また、三年生の時には、皇孫仮御殿の庭の西側に「矢場」が新築された。その夏の葉山御用邸滞在以来、裕仁が弓矢に興味をもつようになったからである（実録一九一〇・一一・一九）。沼津の御用邸にも「矢場」があり、裕仁は中山孝麿《たかまろ》侯爵による大弓の射型の指導も受けている（同一九一一・二・九）。

高学年のころに行われたその他の遊びや御運動を『実録』からピックアップしてみると、学校では「尾取」（ハンカチ抜き）、沼津の御用邸では、徒歩競争、フットボール、センターボール、三輪車、皇居の皇孫御殿の芝生では、紐取り、徒競争、ドッジボール、障害物競争、北白川宮邸を訪問した際には、ネットボールという女子用のバスケットボールもやっている。室内遊びでは、世界一周双六、ジャーマン・ビリヤード、クロックノール（闘球盤）、将棋などである。

相撲と武道

相撲について鈴木孝は、「皇孫さんはお小さい時から相撲がお好きで、お学友さんと相撲をお取り遊ばしていられました。……なかなかおねばりになるものですから相手が根負けしてしまうんです。割合におみ足がしっかりしておいでになりましたから、強い相手でもかかっておいでになるのです。」（「天皇・運命の誕生」）と述べている。皇孫御殿の運動場の中央部には相撲場が設けられており、それを裕仁は「すもうば」と呼んでいた（「迪宮殿下御心意状態」）。

裕仁の四歳年下の入江《いりえ》相政《すけまさ》によると、そのころ、学習院初等科では相撲が大変さかんで、砂を厚く入れた雨天体操場に、クツをひきずってすじをつけた土俵で、休み時間ごとに行われ、裕仁が寄り切って勝ったり、上手投げで負けたりしたところなどを見たという（『城の中』中央公論新社、二〇一四年）。当時の御学友の証言によると、裕仁の相撲の相手となることができたのは、選ばれた者だけだった。同級生の小原謙太郎は、「乱暴者だったから、組ませていただけなかった」、小山達彦は「背が高かったものですから、お相手したことはございません」と述べているのに対して、三宅三郎は「私も、今は大きいですけれど、そのころは陛下と同じぐらいの背でしたから、お相撲のお相手は終始しました」

図４　新宿御苑で弥富傅育官を相手に相撲をとる　1913年（毎日新聞社提供）

と述べている（「いま初めて語る陛下の少年時代」）。体格や性格などによって相撲の相手の可否が決められていたのである。その判断は付き添いの養育掛などが行ったのだろう。

当時の養育掛も、裕仁にとって「相撲は格別御好きの御事」であったと記録しているが、大相撲の観戦体験が相撲好きにさらに拍車をかけた。裕仁がはじめて大相撲を観戦したのは、一九〇九年六月、二年生の時だ。新築されたばかりの国技館で行われた夏場所五日目、裕仁は雍仁とともに貴賓席で、常陸山《ひたちやま》対上汐《あげしお》の一番をはじめ中入り後の対戦を結びの一番まで観戦した（読売一九〇九・六・一〇）。

翌一〇年には、夏場所四日目に兄弟三人で観戦し、裕仁は貴賓席に座って卓上に取組表を広げ、各取り組みごとに評点を記入し、また好角家なみの緻密な批評を披露して、側近らを感心させた。「力士の精神および相撲術においては、すでに一定の概念を構成」している、というのが側近たちの評価である。裕仁は、「最新東京角力《すもう》便覧表」や「力士絵葉書」、番付を掲載した新聞号外などによって力士に関する膨大な知識を得ていたのであり、そのことを側近らは、裕仁の知力・観察力・記憶力の発達を示すものと評価した。またそれは、「尚武」の資質、つまり武を重んじる性質や才能を示すものとしても評価された。

こうして裕仁は、相撲を「日常御運動として御みずからもあそばしたまう」ようになり、また、それによって大相撲をより「いっそう御興深く」観るようになっていった。

また、裕仁はこの時期同時に柔道にも興味をもったようで、同年一月には、雍仁とともに御用掛の土屋正直を相手に「柔道の御真似」を盛んにやったため、避寒先の「菊屋別邸の二階も落ちんばかりの御賑《にぎ》やかさ」であった（以上、「迪宮殿下御心意状態」）。

この年の夏に弓矢への関心を高め、「矢場」が新築され練習を始めたことは先に述べたとおりである。また、皇居内には済寧館《さいねいかん》という武道場があり、皇宮警察の練習場となっていたが、『実録』によると、裕仁は、ここで開催された撃剣大会や剣槍術大会なども観戦している。相撲や武道への関心を高める環境がつくられていたのである。

乗　馬

裕仁がはじめて補助なしで馬に乗ったのは、一九一〇年五月二一日、三年生の時である。宮内省には主馬寮《しゆめりよう》という馬匹《ばひつ》の飼育調習などをつかさどる部局があったが、裕仁は、時々外庭の散歩のついでに主馬寮分厩に行き、侍従や調馬師らに左右から身体を支えてもらいながら「恵山鎮」や「会寧」などの子馬に乗っていた。それは侍従らの薦めによるものだったが、この日はみずから「乗りたい」と言い、さらに侍従らを遠ざけ、一人で馬に乗って軽い駆け足で走ったのだった。この自力による乗馬の成功は、裕仁に乗馬に対する積極的な態度を生み出したが、「楽しげにあそばしたまえり」と記録されているようにそれはあくまで遊びの一環であり、本格的な馬術練習ではなかった（以上、「迪宮殿下御心意状態」）。

本格的な馬術練習はいつから始まったのか。永積寅彦は、裕仁が乗馬を始めたのは、「初等科の四年か五年の頃」であり、練習場所は、東宮仮御所や沼津の御用邸の馬場で、教官は陸軍騎兵で東宮武官だった壬生基義《みぶもとよし》であったと述べている（『昭和天皇と私』）。永積の証言はかなり正確で、実際には四年生の始業式当日の養育掛の会議で、「乗馬は先づ迪宮のみ土曜日」に行うことが決定した（実録一九一一・四・一一）。曜日はその後木曜に変更になるが、こうして週一回の乗馬練習がスタートする。

一九一二年一〇月二一日の『読売新聞』は、本格的な乗馬練習が始まって一年半後の裕仁の様子を、「雄々しき馬上の御姿　東宮乗馬の御熱心」という見出しで、裕仁が木曜日は乗馬練習があるため馬車で帰宅し、すぐに軍服に着替えて馬場または覆馬場に行き、「会寧号《かいねい》（朝鮮産）」か「ハフツ（新冠産）」に乗り、熱心に練習し、練習後は必ず馬名を呼んで頭や鼻などをやさしく撫でる、などと報じている。「東宮」とは、先にも述べたように皇太子の別称であり、満一一歳となった裕仁は、皇族身位令にしたがって、その同年九月に陸海軍の少尉に任命されていた。大元帥に登りつめるための軍人としての昇任も始まっていたのだ。この年には雍仁《やすひと》も乗馬練習を始めていたが、さらにその翌年になると宣仁も加わり、木曜日の放課後、兄弟三人がそろって乗馬をする姿が新聞でも報じられた（読売一九一三・一一・二一）。

「戦ごっこ、軍艦あそびとか、野球、角力などをよくあそばしました」。

雍仁の養育掛だった松平乗統《のりつな》はこう語っている（「御幼年時代」『雍仁親王御事跡資料』一）。雍仁が野球をやっていたというのだ。

『雍仁親王実紀』には、一九一三年一月一四日に「初めてベースボールを試み給ふ」と記されており、同級生であった石丸重治も、雍仁が「休み時間にもゴムマリの野球をしたり、器械体操をやったりしていると、その方に来られては熱心に見て居られたり、注文をつけられたりしていました」と述べている（「初等科時代の思い出」『雍仁親王御事跡資料』四）。乃木院長の死後ということだろうか、学習院初等科でも休み時間に野球が流行し、雍仁自身も野球をやり始め、養育掛もそれを奨励するようになったのだ。

野球とスキー

では兄の裕仁はどうか。雍仁と一緒に野球をやったのだろうか？『雍仁親王実紀』によると、雍仁がはじめて野球をやった場所は避寒先の沼津であった。沼津で、御学友らとともに三学期の授業が行われていたのであり、そこには宣仁《のぶひと》もいた。しかし、裕仁の姿は見あたらない。この時裕仁は、沼津ではなく熱海の御用邸にいたからだ。弟たちとは別の場所で、五年生の三学期の授業を御学友に任命された全クラスメイト一二人とともに受けていたのである（実録一九一三・一・八）。

明治天皇の死去によって裕仁は皇太子となったが、それは弟たちとは「別の生活」に入ることを意味した。春になり避寒先から帰った裕仁は、それまで寝食を共にしてきた弟たちと別れて高輪《たかなわ》の東宮御所に移り住み、東宮職員に取り囲まれた生活に入る。雍仁が一一歳、宣仁が八歳の時だ。そしてその春、六年生になった裕仁の通学は、徒歩から馬車通学に変わり、弟たちがいない寂しさを緩和するためだろう、月・水・金には、御学友三人が交代で宿直するようになる（実録一九一三・四・一六）。

別居生活は、兄弟のあいだでのスポーツ経験にも微妙な差異をもたらすことになるが、野球はその最初のケースだったのだ。しかし、その後に経験したスポーツすべてがそうであったわけではない。

スキーの場合は、別居後も兄弟で同時に体験している。積雪が三〇センチ《セン チ》に達した一九一三年一二月一七日、裕仁は、雍仁と一緒に御殿の庭ではじめてスキーを試みた。スキー用具一組は、第一三師団で使用しているもので、陸軍中将の長岡外史《ながおかがいし》より献上がなされ、東宮武官長の山根一貫《いっかん》の説明の下で滑った（実録一二・一七）。この時、雍仁は、岡を四〜五回滑り、その後さらに高い「岳」を滑り降りて上達ぶりをみせた（『雍仁親王実紀』）。裕仁の上達ぶりは不明だが、こうして兄弟そろってはじめてのスキーを体験したのだ。

運動会

「今日はまちにまつて居た運動会の日でございます。朝早く起きて見たら雨が降つて居ましたから運動会がないかと思つてしんぱいいたしました。やがて八時ごろからだん〳〵と晴れて来て十一時頃から空が澄み渡つて一点の雲もなく、風暖にふいてまことによい天気になりました。……おもう様とおたた様とが午後一時にいらつしやつて下さいましてて私は大そううれしく思ひました。……我四年級は千鳥きよう争、がいせん門、非常きよう争、徒歩きよう争、雀の土産の五つでした。非常きよう争で三等賞のめたるを取つた時は大そううれしうございました。……

終はうんどうくわいの唱歌をうたつて乃木院長のはつ声で一同万歳をとなへました。」（実録一九一一・一〇・二九）

裕仁が四年生の時に書いた作文である。運動会を心待ちにしていた様子がよくわかる。当時裕仁は、父を「おもう様」、母を「おたた様」と呼んでいた。両親の前でメダルを取ったことが、喜びを倍増させたのだろう。ちなみに翌日の『読売新聞』は、裕仁が「四年非常競争にて一等」と報じている。

それから二年後、六年生になった裕仁は、学習院初等科での最後の運動会を迎えるが、それは従来とはちがう特別な形で行われた。東宮御所が主催者となり、新宿御苑で初等科の生徒二八〇名を招いて行われたのだ。

会場は、青のビロードのような美しい芝生を円形に区切り、周囲に天幕を張り、正面の拝観席の中央には裕仁の御座所、次に同級生の華頂宮博忠《かちょうのみやひろただ》をはじめ六名の皇族の子弟の

図5　学習院運動会にて（『実業之日本』1924年2月号より）

座席が設けられた。当日、制服姿の裕仁が会場に到着し、御在所に着席する際には、陸軍軍楽隊による吹奏に合わせて、生徒、父兄、その他参加者一同が敬礼を行った。裕仁は、こうしてこの日の運動会の主催者として中心に位置するとともに、白の運動シャツに黄色の帽子、黒の靴下に紺の足袋《たび》といういでたちで各種競技に参加し、二〇〇米《メートル》走で六着、騎兵戦闘と擲弾《てきだん》競走では片方で勝利し、抽籤《ちゅうせん》運搬競走では一着となった。その後、「故乃木将軍が多年あらゆる方面を視察したる結果案出」し、まさに「刀に対する武士の観念」を伝えるものである木剣体操の列に加わり、「エイ〳〵」という掛け声とともに木剣を縦横に打ち振って「勇しき」姿を披露した（読売・東京朝日一九一三・一〇・二〇)。

「御運動時間になると即座に机を離れて庭上に降立りたせ、いろ〳〵の御運動をとらせる、、殿下には頗《すこぶ》る御健康に渡らせらる、ので、御動作活々《いきいき》として……益々御健康」、学校でも「体操遊戯等も好ませられ、整然たる御姿勢、敏活なる御動作等」は教師を感嘆させている(読売一九一三・一一・三)。こうした報道を鵜呑みにすることはできないが、裕仁の健康状態が以前よりもよくなったのは事実だろう。

侍医をつとめた加藤照麿によれば、裕仁の「健康状態の一変したのは大正元年皇太子になられた時よりである。殿下の御健康状態はこの時を以て全然新しい時代を画した」という。「皇太子以後は屢《しばしば》御外出になり外気にお触れになり御食欲も進み、御腸胃も強壮になられたのである」(「御健康と御高徳の一端」)。六年生の一年間、欠席を一度もしなかったことも(実録一九一四・三・一四)、それを裏づけるものといえよう。学習院初等科時代の裕仁は、永積寅彦がいうように「決して頑強という方ではなかった」が、それでも以前に比べると健康になったのだ。

明治から大正への代替わりは、裕仁の健康にとっても大きな画期となったが、明治天皇に殉死した乃木希典は、こうした裕仁の姿を見ることなくこの世を去った。

帝王学とスポーツ

御学問所時代

御学問所の授業

帝王学を学ぶ場

一九一四年春、学習院初等科を卒業した裕仁は、中等科には進まず、「御学問所《おがくもんじょ》」に通うことになる。これは、裕仁が将来天皇となるための教育機関として、東宮御所《とうぐうごしょ》のなかにつくられた特別の学校であり、ここで一三歳から一九歳までの七年間、現代の教育制度でいうと中学と高校にプラス一年という歳月を過ごすことになる。

御学問所の総裁は、元帥で海軍大将の東郷平八郎、副総裁は東宮大夫で枢密《すうみつ》顧問官の浜《はま》尾新《おあらた》（元東京帝大総長）が兼任した。そうそうたる教授陣が、御学問所の「御用掛」という職名で、国語、算術、歴史、地理、倫理、博物、外国語、武課及体操、馬術などの教科を担当した。それは、評論家の鵜崎鷺城《うざきろじょう》が、「未来の皇帝、大元帥としての智徳御学習の

図6　箱根宮ノ下御用邸で御学友らと肋木の運動　左から3人目が裕仁　1914年夏（学研フォトアーカイブス提供，永積寅彦『昭和天皇と私』学研，1992年より）

場所」（『中央公論』一九一六年一二月号）と評したように、裕仁に帝王学を施すために国の総力をあげてつくられたまさに特別の学校であった。

御学問所の幹事となった海軍大佐の小笠原長生《おがさわらながなり》は、乃木希典院長時代に、海軍籍のまま学習院御用掛に任用されたが、乃木は、信頼が厚かった小笠原との協議をふまえて御学問所の設置案を作成し、明治天皇に提出したとされる。裕仁が四年生のころのことだ（伊藤之雄『明治天皇』）。この構想が御学問所の大枠となった。

学習院初等科卒業時の裕仁のクラスメイトは一一人いたが、その中から御学問所の御学友に選ばれたのは、久松定孝《さだたか》、松平直国《なおくに》、大迫寅彦《おおさことらひこ》、南部信鎮《のぶしげ》、堤経長《つねなが》の五人であった。彼ら五人の職名は「東宮《とうぐう》出仕《しゅっし》」。奏任《そうにん》官待遇だが無給の名誉職で、側近として奉仕することが任務とされ、全員東宮御所に泊まり込んだ。

そのひとり永積《ながづみ》寅彦（旧姓大迫）によると、御学問所の制服は、半ズボンが長ズボンに変わった以外は学習院のものとほとんど同じで、襟の徽章《きしょう》は桜ではなく、五三の桐を菊の葉が巻いているものだったが、裕仁の帽子の徽章は、一六弁の菊の花を菊の葉が巻いているという特別なものであった。また、五人の御学友（正式名称は東宮出仕）たちは、裕仁に対して「丁寧な言葉」を使うが、裕仁は御学友を「松平」とか「大迫」と苗字で呼び、敬語は使わず、食事もまったく別であった（『昭和天皇と私』）。裕仁にとって御学友は、フラットな同級生でなく、皇太子と出仕という関係であり、それが裕仁を君主へと育て上げる教育システムの一環をなしていたのだ。

校舎と運動施設

実際の御学問所のスタートは、祖母の昭憲《しょうけん》皇太后の葬儀などによって五月にずれ込み、また、新校舎の完成が間に合わず、東宮仮御所の洋風別館の一室が仮教室にあてられ、そこに裕仁を含む六人の生徒の机が並べられた。前列に三人、後列に三人で、前列のまん中が裕仁である。教室の後ろにも椅子が置かれ、東郷総裁や浜尾副総裁、小笠原幹事、入江為守《ためもり》東宮侍従長などが授業を参観した。

図７　御学問所の教室（『実業之日本』1924年２月号より）

図８　御学問所の雨天体操場（同上より）

御学問所の建物は、九月に完成をみたが、新校舎は木造漆喰塗りで、中には教室、休所、研究室（理化学実験室）、教員控室、食堂、侍従長・侍従武官・武官詰所などが設けられ、校舎の前の運動場には、鉄棒や肋木《ろくぼく》などが設置された（以上、大竹秀一『天皇の学校』筑摩書房、二〇〇九年）。

御学問所の生活は、朝六時起床、夏の授業は八時開始（冬は九時）で、裕仁が御座所《ござしょ》での仕度《したく》が済んで二階の自習室に来るとベルが鳴る。すると御学友の五人は、自習室へ出て、並んでお辞儀をし、それから授業の準備をする。そして授業開始の一五分前に下へ降りて、自分たちの部屋に帰って靴をはき、御学問所の教室の入口の前に並んで裕仁を迎えた（永積寅彦『昭和天皇と私』）。

あわただしくスタートした御学問所であったが、二年目を迎えるころには、運動施設も整備される。裕仁の二年進級時には、「雨天体操場」あるいは「雨中御運動場」と呼ばれる体育館が建てられ（実録一九一五・四・二）、そこにも、肋木、吊棒、吊索《なわ》などが設置された（『昭和天皇と私』）。また、六月には新校舎の反対側に二七《メー》《トル》×七三《メー》《トル》の馬場が新築され、これまで主馬寮《しゅめりょう》赤坂分厩で行われていた馬術練習が、この新馬場で行われるようになる（読売六・二九、実録六・三〇）。

表　二学年の一学期（1915年4月）の時間割

	月	火	水	木	金	土
第1時	倫理	国語	算術	倫理	算術	歴史
第2時	外国語	歴史	外国語	漢文	外国語	博物
第3時	漢文	外国語	地理	歴史	国語	
第4時	習字	武課及体操	国語	武課及体操	地理	
第5時	武課及体操	馬術	武課及体操	馬術	武課及体操	

出典：宮内庁編『昭和天皇実録』第二，東京書籍，2015年

時間割　こうして運動施設が整った二年時の一学期の時間割をみてみよう。永積は、「夏の時間割でいえば、午前に四時間あって、午後は授業が一時間あって、それから体操をやりました。武課体操といったんです。教練のことを学習院では武課といっていました。それと、馬術があり、週二回ぐらい馬にお乗りになった。馬術のある日は体操がない。どちらかです」と語っているが、この時間割はそれにほぼ当てはまっている。

時間割にある計二七コマのうち、武課及体操が五コマ、馬術が二コマで計七コマ、これらが全体の四分の一を占めている。これらの科目がいかに重視されていたかがわかる。御学問所の発案者である乃木の案では、武課は週三コマであったが（伊藤之雄『昭和天皇伝』）、小笠原の意見を取り入れて五コマに変更され（「東宮御学問所設置規定案（修正案）」

『乃木希典日記』）、さらに実際の授業では馬術を含めると七コマにまで増大しているのだ。

ちなみに三学期の途中からは、学習院初等科時代と同様、避寒先の沼津の御用邸で授業が実施されたが、一年時の時間割をみてみると、計二二コマの授業のうち、武課及体操が四コマ、馬術が一コマの計五コマであり、馬術については、それ以外に火・土の午後に御運動としても実施されている（実録一九一五・一・一二）。冬の授業でも、武課及体操、馬術が重視されていたのだ。永積は、午後に体操服に着替えたら、夜までそのままであったという。「午後の体操の時間は、学習院の寮では作業服といっていましたが、それに似たようなものを着ました」。「学問所では、帯なしで、折り襟で、夏は小倉ですかな、ああいう布地だけれども、冬は軍人さんと同じカーキ色の毛織の服」。「体操の時間以後、夜、和服に替えるまで、それだった」（『昭和天皇と私』）。

馬術の授業を担当したのは、主馬寮技師の根村当守と陸軍騎兵中佐で侍従武官を兼務する壬生基義《みぶもとよし》であった（実録一九一四・五・四）。

加藤真一の採用

武課及体操の授業を担当したのは、陸軍戸山学校教官の加藤真一《まさかず》中尉だった。加藤は、陸軍士官学校を卒業し、歩兵第六連隊に所属した後、一九一〇年一〇月に陸軍戸山学校教官となった。陸軍戸山学校は、陸軍における体育研究の総本山であり、そこから御学問所の教員が選ばれるというのも当然のなりゆきのように思われるが、実際に加藤が御用掛に任命されたのは、一九一四年九月二八日である（アジア歴史資料センター所蔵史料：A10112985300）。東宮御学問所がスタートして半年後のことだった。御学問所の授業に武課及体操が加えられるのは、加藤の就任後である（実録一九一四・一一・二）。各教科のなかでもとりわけ重視されていた武課及体操の教員採用が遅れた理由は明らかではないが、おそらく加藤が選出されるまでにかなりの紆余曲折があったのだろう。

加藤は愛知一中の出身だが、加藤の在学中、同校では、日比野寛という名物校長のもとで、スポーツが盛んに行われていた。野球、フットボール、テニス、クロッケー、ボートなどが運動部活動として行われ、游泳、撃剣、柔術については師範を招聘して指導がなされ、他校の選手を招待して春秋の二回運動会も開催された。また、級対抗の野球、テニス、ボートの大会も毎年の恒例行事であり、それらが校長寄贈の優勝旗の争奪戦として行われていた（鯱光百年史編集委員会編『鯱光百年史』、一九七七年）。加藤は、級対抗の野球大会や琵琶湖において開催されていた漕艇全国大会に選手として出場している。当時の日本では異例ともいえるスポーツ環境の中で、加藤は中学時代を過ごしたのである。また、加藤は、御学問所に採用される直前の『野球界』一九一四年五月号で、陸軍戸山学校の野球部創設の中心的人物として紹介されている（高嶋航『軍隊とスポーツの近代』青弓社、二〇一五年)。スポーツ経験豊富な人物であったのだ。西洋スポーツを奨励する環境が準備されたことは、学習院初等科時代からの一八〇度の変化といっていいだろう。

加藤は、御学問所が廃止された後もひきつづき東宮職御用掛として仕え、退職した一九二四年四月には、その功績を称えられ勲五等瑞宝《ずいほう》章が授与された。叙勲《じょくん》の理由は、御学問所の武課及体操を担当し、教練、射撃、撃剣、基本体操、応用体操、各種競技、水泳等を教授し、皇太子裕仁の「御身体」の鍛錬と健康の増進に努め、国内外の各種の「体育的方法」および施設を研究しそれらを実施するなど日夜努力したためであり、「殿下現時の御英姿を拝するを得るは同人の功績亦与て多大なるものあり」と評されている(アジア歴史資料センター所蔵史料、同前)。

御学問所に就任した加藤は、副総裁の浜尾新の命により、十分間体操を創作した。この体操は、「従来の軍隊式の体操ではなく、スウェーデン式ともいうべき柔軟体操」であったという(甘露寺受長『天皇さま』講談社、一九七五年)。『実録』によると、二学期の途中、一一月二日から呼吸体操を実施しており、十分間体操が始まるのは一二月二二日からである。授業開始の一五分前に御学友の五人は、御学問所の教室の入口の前に並んで裕仁を迎えたが、そこには、幹事の小笠原とともに加藤も必ずいて、その指示の下で毎日十分間体操を行うようになるのである(『昭和天皇と私』)。それは避寒先でも行われた。

馬術と武課及体操

馬術の授業は、先にも述べたように御学御所に馬場が新設されるまで、主馬寮赤坂分厩で行われたが、そこには雨覆馬場もあり、雨天であっても授業が実施できた。また、馬術授業には、御学友のうちの一人が裕仁の相手をつとめることになっていたが（実録一九一四・五・二八）、そこに弟の雍仁《やすひと》と宣仁《のぶひと》の二人が合流することもあったようで、その姿が新聞でも報道されている（読売一九一四・一〇・一二）。

武課及体操の授業の様子を永積寅彦『昭和天皇と私』などからみてみよう。

武課は、「不動の姿勢から始まって、やはり軍事教練みたいなもの」だったという。四年時からは、射撃の授業も始まった。新聞では、御学問所の脇に約三六㍍《メートル》の狭窄《きょうさく》狭窄射撃場が完成し、新学期より三八式歩兵銃による射撃が実施され、やがて実弾射撃も実施予定だと報じられているが（東京朝日一九一七・三・二七）、永積は「射撃は狭窄射撃といって、十五メートルぐらいですかな、小さい鉛弾を撃っていました。実包の射撃はなさらなかった」という。

学習院における柔道は、生徒の発育段階を考慮して中等科三年以上に限定されていたが、御学問所では三年生以降も一切なされなかった。一方、剣道は行われ、永積も裕仁の相手をしたが、真剣にぶつかってくるので、面を打たれると「とても痛い」「いちばん最後は面を打たせるんですが、その面を打たせると、とても痛い」と述べている。

「当時の砲兵工廠で日本刀の形をしたのをつくられましてね」。「斬れませんが、中に一振り斬れるように研いだのをつくって、巻藁を台の上にのせて試し斬りをする」。真剣による試し斬りもやったのだ。『実録』に、七年時の一学期から、武課の軍刀術の授業で、練習用の日本刀を使用するようになったとある（一九二〇・四・一五）。このことだろう。

沼津の御用邸には弓道場があり、皇居の広芝と呼ばれていた芝生の上でも的を設置して弓もやったが、「学校の弓道部というような、非常に詰めてなさるということではなかったですね。たまになさるぐらいです」と永積はいう。裕仁が沼津の御用邸や皇孫仮御殿に新築された「矢場」で弓を練習し始めたのは、先にみたように学習院初等科の三年生の時だったが、弓に関してはそれから少しブランクがあったのかもしれない。

体操の授業はどうか。永積の回想によると、体操の授業は、天気がよければ広芝で行われ、クロッケーなどもやったという。さらに「今のソフトボールよりももう少し小さくて、やっぱりあんな軟らかいボールがあって、バットも少し軟らかくつくってあって。フィーダーという名前を覚えているんです。とにかく六人でしょう。二組はできないんですね。ベースを三つにして、それでピッチャーがいて……とにかく打って走るんだけれども……あんまり長くは続きませんでしたね」（「いま初めて語る陛下の少年時代」）。全校生徒が六人という人数は、実施できるスポーツを大きく制約したが、そんな中で加藤は、クロッケーというゲートボールのような球戯や野球の原型のひとつとされているフィーダーというスポーツも指導したのだ。

一方、天気が悪い時は、雨天体操場で、さまざまな体操やそこに設置された肋木、吊棒、吊索などを使った授業がなされたのだろう。

水泳

水泳はどうか。永積によると、「御学問所時代は、最初の一、二、三年ぐらいまでの間には、毎年夏、箱根宮ノ下の御用邸においででしたが、そこには、四《メートル》×六《メートル》ほどの木製のプールを作り、そこで練習をなさいました。冷たいので温泉の湯を入れるのですが、沢山は入らないので寒くて、私共は唇を紫色にしてふるえていましたが、殿下は割合寒さに平気で居られました。その後は、毎年葉山で水泳の練習をされたのです。先生は、体操の先生の加藤真一さん」（『昭和天皇と私』）だったという。

永積のこの証言はきわめて正確で、次の戸田氏秀東宮主事の談話とも一致する。

本年当葉山へ御避暑相《ママ》りましたのは、主として海水浴を為させ給ふためで……十時過ぎから約四五十分間、御用邸前の海岸にて泳がれます。殿下には、五年程前に海に入られたことがありましたが、夫《そ》れ以後は毎年、箱根宮ノ下の御用邸内に設けられし、幅二間半〔約四・五《メートル》〕長さ六間〔約一一《メートル》〕の浴槽に、深さ御胸位水を涵《たくわ》へ、

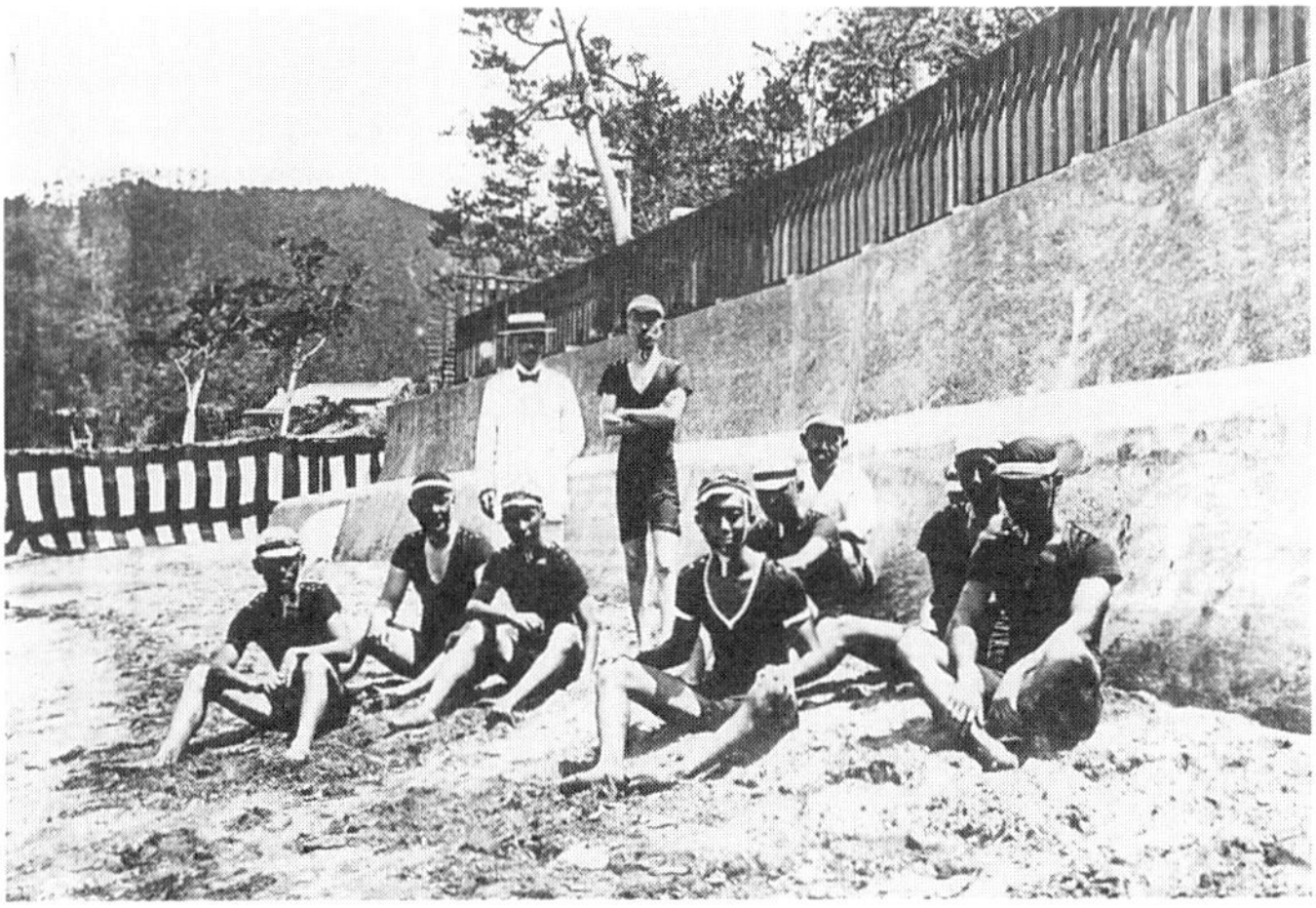

図9　御学友らと葉山御用邸前の遊泳場にて　左から6人目が裕仁
1917年8月か（学研フォトアーカイブス提供，永積寅彦『昭和天皇と私』学研，1992年より）

危険なきやう万端の設備をした中で御習練を積まれたことゝて、今年初めての海中御水泳も驚く程御達者であります。御学問所からは、加藤陸軍大尉が伺候《しこう》して、正式な水泳を御教授申上げて居ります。午後も二時頃から約一時間泳がれますので、御皮膚の色は申すも畏《かしこ》い程黒くおなりなされました。

（東京朝日一九一八・七・二三）

この年の葉山滞在の目的が「海水浴」にあったことは、『実録』の記述とも一致する（一九一八・七・一五）。また、裕仁が五年間海に入っていないというのも事実で、御学問所の一年から四年生までの避暑先は箱根だった。

のちに、「若い時よく歩いた。箱根では登れる山はほとんどすべて登った」（「喜寿を迎えられた天皇陛下の健康法」）とみずから語っているが、その間も水泳をしなかったわけではなく、箱根の御用邸のプールで練習していたのだ。

このプールは、御学問所の四年時に増改築され、新たに游泳練習用の滑走式游泳補助襷《たすき》、水中脚練習用補助棒、飛び込み台、休憩所が設けられ、以後、一日の游泳時間を二〇～三〇分から四〇分に変更した（実録一九一七・八・一三）。こうした練習の上に裕仁は、五年生の夏に五年ぶりに海で泳いだのだ。

葉山での水泳は、六年生の夏にも実施された。そして最終学年である七年時には、加藤真一の指導により「游泳は御上達著るしく、今年は三四千米突《メートル》は楽々と泳がせらる」と報じられている（東京朝日一九二〇・八・二三）。海での泳力の向上は、軍艦等へ乗る機会が増加する裕仁にとって急務のものとされていたのだろう。

相撲と新たなスポーツ

帝王学からみた相撲

御学問所には「倫理」という、裕仁に帝王としての心得を身につけさせるための独自の授業科目があった。担当したのは、日本中学校校長の杉浦重《しげ》剛《たけ》。この授業は、一九一四年六月から始まったが、その最初の一二回のテーマのひとつとして、杉浦は「相撲」を取り上げた。猪狩又蔵編『倫理御進講草案』（杉浦重剛先生倫理御進講草案刊行会、一九三六年）によって、その内容をみてみよう。

「我が国の遊技にして、外国に類例無きものは、相撲を以て最も著るしと為す。故に世人之を日本の国技と称す」。つづけて杉浦は、相撲の歴史を古代から説き、朝廷の相撲《すまい》の節会《せちえ》、鎌倉時代や徳川時代の著名な力士のこと、彼らの身長が一九〇チセン以上であったことなどをあげ、「我が国人は欧米人に比して体格劣れるが如きも、能《よ》く之を鍛錬する時は決して其の弱小なるを憂へず。却《かえっ》て彼等に比して、一層勝れたる体力を作り出すことを得べし」という。この体力錬磨の方法として「最も適当」であるがゆえに相撲は古代より奨励されてきたのであり、神社の祭礼にも相撲の催しがあるのだ。撃剣、柔道などを学ぶものは国民の一部分に限られているが、相撲は全国どこでも行われており、これによって「体格力量を養成し、練磨」している。「我が国人が欧米人に比して一般に腰の強さも、相撲の与りて力のある所なり」。

さらに杉浦は、日本の伝統文化である相撲の価値を次のように主張する。「相撲道」においては、勝負時に卑劣な手を使うことを恥辱としている。ゆえに一代の大力士たらんとする者は、必ず正々堂々と戦わねばならず、さもなければ例え勝負に勝ったとしても、決して観客の納得を得ることはできない。この点と公明正大な精神（心事）とを兼ね備えていることが横綱の資格であり、これが「相撲道」における「我が大和民族の精神」なのだ。現在広く普及している遊技（競技）の多くは、ただ勝負を争い、その精神を顧みないという蛮風に支配されており、これでは人格修養の上に何ら効力がないだけでなく、大いに害がある。「我が古来の相撲道の如く飽くまで公明正大の心を以てせば、始めて人に大和民族の体力と併せて、精神をも練磨するの助けとなるべきなり」。

杉浦の授業で、相撲が帝王学の観点から絶賛されたことは、裕仁の相撲への興味や愛着をさらにかき立てたにちがいない。しかし、御学問所の授業に相撲はなく、休み時間や放課後においても、裕仁が御学友たちと相撲を取ることはなくなった。永積はいう。「相撲は、御学問所時代にはなかったですね。ご覧になるほうで、お誕生日のたびに土俵ができまして、大相撲をお呼びになった」「幕内ぜんぶじゃないでしょうか。横綱は、梅ケ谷、常陸山の時代ですね。それから太刀山が出てきた。お誕生日の余興としてずっとありました」(『昭和天皇と私』)。

大相撲観戦

誕生日記念の台覧《たいらん》相撲は、一四歳となった一九一五年の誕生日に広芝の相撲場で行われ(実録一九一五・四・二九)、以後、毎年行われたとされる。出場した東西幕内力士らは、早朝より身体を清め、「膏薬《こうやく》などは成るべく貼らないやうに」との注意を守り、紋付に袴の礼服姿で二〇台の自動車に分乗して登場し、皇居の芝生の上につくられた土俵で熱戦を披露した(東京朝日一九一七・四・三〇)。

かつてのように国技館に出かけるのではなく、大相撲の力士たちが東宮御所にやってくる、それを裕仁が観覧するようになるのである。誕生日記念の台覧相撲は、杉浦が「倫理」の授業で相撲について講じた翌年からスタートしており、その影響力を示しているように思われる。重要なことは、誕生日記念の台覧相撲が杉浦が示した相撲と天皇の関係、すなわち古来より相撲を奨励してきた天皇の姿を再現するものであったという点であろう。相撲好きの裕仁を喜ばせた大相撲観戦が、杉浦が講じた帝王学によって、より大きな視野から価値づけられたのだ。また、公正明大の精神を尊び、人格修養をめざす相撲をモデルとして、勝利至上主義に支配されているスポーツを批判するという杉浦の主張も、裕仁や側近たちのスポーツ観に大きな影響を与えたように思われる。

休み時間と放課後

休み時間や放課後には、どんな運動が行われたのか。

永積はいう。「授業は四十五分の十五分休みでした。その休み時間は、はじめのうちは、いまのゲートボールみたいなクロッケーをしたり、いろいろだったですね。なにしろ七年間ですからね」(『昭和天皇と私』)。

たとえば三年時の休み時間に行われていたのは、弓術、ホッケー、野球、テニス、バドミントン、デッキゴルフ、インディアンボール、キャッチボール、フィーダー、手榴弾投げ、空気銃射撃、槍投げ、輪投げ等であり(実録一九一六・四・一二／九・一　、一九一七・一・一二)、永積がいうようにたしかに多様である。

「御学問所のお終いの三年ぐらいでしょうかな。休み時間にずいぶんテニスをなさいました。最初は軟球でしたが、そのうちスポンジボールをテニスで使ったんですよ。あれは重いんですが、まだ硬球があまり普及していなかったのでしょうね。スポンジボールは、体操の加藤真一先生が考えついたのかもしれません」（『昭和天皇と私』）。先の戸田東宮主事の談話にも、「殿下にはローンテニスが非常にお好きで、夕涼になると御用邸内のコートで私共や御学友をお相手に盛んに御運動遊ばされます」とあるが、御学友の一人、堤経《つね》長《なが》も、「テニスもなさいましたが、前衛でスマッシュをされるのが、とりわけお好きでした」と述べている（大竹秀一『天皇の学校』）。

このころには、ビリヤード（玉突き）もかなりやったようだ。「西洋館の一部屋に、玉突き部屋があって、そこで四つ玉の玉突きをしばらくなさいました」。「おしまいの三、四年間ではなかったでしょうか」。「当直の侍従や武官や侍医の人たちもご一緒にされました」（『昭和天皇と私』）。

兄弟の間でのスポーツ経験の差

御学問所の授業開始が、昭憲皇太后の葬儀などによって五月にずれ込んだことは先にも述べたが、その間に裕仁は、二つの新たなスポーツを経験している。ひとつは、デッキゴルフ。これは東宮武官の山内豊《とよ》中《なか》が教授した（実録一九一四・四・一五）。デッキゴルフとは、二人以上で二組に分かれ、丸い木片を長い棒で突いて盤上を滑らせ、一定の経路をたどって、早くゴールに入れた方が勝ちとなる盤上ゲームである。裕仁はこれ以降、デッキゴルフに興味を持ち、皇子御殿や東宮御所で弟や御学友、側近などを相手に盛んに行った（同四・二九等）。

もうひとつがテニス。こちらは御学友を相手に試みたと記録されており、この時使用したテニス用具は、この年の一月に雍仁と宣仁からプレゼントされたものだった（同四・二二）。一方、弟たちがテニスをはじめてやったのは、それから二年以上たった一九一六年六月四日だった（『雍仁親王実紀』）。『実録』には、この日、裕仁が弟たちのもとを訪ね、兄弟でテニスなどをして過ごしたとある。裕仁が弟たちにテニスを教えたのだろう。テニスに関しては、裕仁の方が早く体験し、それを弟たちに伝えたのだ。

しかし、自転車、スケート、ゴルフについては、逆だった。『実録』によると、裕仁が自転車にはじめて乗ったのは、一九一五年五月五日。以後、連日練習をつづけ同月二〇日には自由に乗りこなせるようになる。一方、母節子《さだこ》が雍仁と宣仁に自転車をプレゼントしたのはその前年の一二月であり、雍仁は、一五年一月二三日には自転車で遠乗りができるようになっている（『雍仁親王実紀』）。四カ月ほどだが、雍仁の方が早い。

また、雍仁のスケートについては、一九一八年の元旦に庭内の池で試みたという記録があるが（同上）、裕仁の方は、のちに「スケートを除いて、たいていの運動はやってみた」（岸田英夫「昭和天皇の生涯・謎・系譜」『歴史読本』一九九九年一〇月号）とみずから語っていることから、一度も試みなかったようである。転倒時の脳への打撃等を考慮して、側近が許さなかったのだろう。ゴルフについては、後で取り上げることにしたい。

このころの弟たちの教育環境は、裕仁とはまったくちがったのものとなっていた。弟たちは学習院初等科卒業後、中等科に進み、さらに士官となるために陸軍幼年学校、陸軍士官学校あるいは海軍兵学校へと進んだ。雍仁のばあいは、陸軍中央幼年学校予科に入学し、一九一七年五月以降は、校内に建てられた皇族舎で生活するようになる。雍仁の入学後、幼年学校ではそれまで禁止されていたスポーツが公認されるようになり、生徒たちの間でテニスや野球、卓球なども行われるようになる（高嶋航『軍隊とスポーツの近代』）。だが、このころの雍仁は、体調が芳しくなかった。陸軍中央幼年学校での日課は肉体的な負担が大きく、入学した年の冬には耳と手が凍傷になり、翌一八年一月には風邪がもとで静養し、四月にも体調を崩した。先に見たスケートは、実はそうした病気の合間を縫ってなされたものだったのだ。雍仁の健康管理のため、レントゲン装置が皇子御殿に設置されたのもこの年、一九一八年であった（小田部雄次『昭和天皇と弟宮』角川学芸出版、二〇一一年）。

ゴルフ

さて、のちに昭和天皇の御運動の中心を占めるようになるゴルフであるが、ゴルフは「どこでお習いになったのですか」との記者の質問に「実は、秩父さんとね、高松宮がされたんでね、一緒にするということになって。一番最初にやったのは、今のあの迎賓館の付近でね。秩父さんと高松さんから教わってね」と答えている（高橋紘編『昭和天皇発言録』小学館、一九八九年）。

『実録』をみてみると、「午前、皇子御殿にお成りになり、広芝にて雍仁親王・宣仁親王とゴルフをされる」とある。一九一七年五月二七日のことだ。一方、雍仁がゴルフをはじめてやったのは、その二週間前の一三日である（『雍仁親王実紀』）。裕仁のゴルフクラブは、同月一九日に実業家の森村開作が献上したものであったと『実録』は記している。雍仁がゴルフをやった六日後であり、このタイミングはとても偶然とは思えない。

こうしてゴルフについての弟たちとのギャップはわずか二週間で埋められ、雍仁につづいて裕仁もゴルフを始めることになるが、一体誰がなぜ兄弟三人にゴルフを薦めたのか？

大正天皇の御学友で、裕仁の初等科五年時から長きにわたって侍従として仕えた甘露寺《かんろじ》受長《おさなが》は、「ゴルフは、もっとも紳士的で、品格の高いものなので、王者のスポーツとしては、この上もないものだというので、おすすめした」と述べている（『天皇さま』）。この点をより詳細に語っているのが、一七年九月一一日の『東京朝日新聞』に掲載された西園《さいおん》寺八郎《じはちろう》式部官の談話だ。記事の見出しは、「ゴルフと三皇子　高尚なる欧米の遊戯近く我が皇室遊戯に選定されん　御指南番は西園寺式部官」。裕仁らのゴルフの開始は、新聞でも大々的に報じられていたのである。

此遊戯を皇室に御薦め申上げたのは、三殿下の如きは未だ幼少であらせられ、今後如何なる動機で欧米各国を御遊歴あらせらる、かも知れず、斯かる場合に交際機関と

して列国の皇族と共に御遊戯をあらせらる丶際などにも至極適して居ると考へたのである

西園寺ら側近が、裕仁らの欧米旅行を想定し、その際の各国の王族らとの交流にゴルフが役立つとの判断から薦めたというのである。ちなみに西園寺の談話には、「欧米御遊歴の折もあらば其時には絶好の御交際機関」という小見出しもつけられており、この点が強調されている。西園寺が主張したゴルフの価値はそれだけではない。野球や蹴球（サッカーやラグビー）などのような「危険」がなく、「敵を斃《たお》すと云ふが如き勝負」ともちがって、ゴルフは「自分の技倆の練習に依る」ものであり、スポーツとして「過激にも失せず心胆を落付け物に動じない精神を涵養する点に於て皇室の御遊技としては最も適応して居る」。

安全性や精神修養の効果なども重要な選択基準だったのだ。裕仁が実施するスポーツは、こうした基準に基づき、側近たちによって厳選されていたのであり、野球やサッカー、ラグビー、そしてスケートなどを実施しなかった理由もこれで明らかだ。

西園寺はまた、裕仁のゴルフについて「新宿御苑及び赤坂御殿の御庭にコースを定めさせられ、私達が御指導の任に当たつた」と述べている。甘露寺も、「お相手は、土屋侍従、西園寺御用掛、松平式部官、その他の侍従、侍従武官、それに私などだった」と回想しているが、指導に関しては「大谷光明さんがお手ほどきもうしあげた」と言っている（『天皇さま』）。英国留学の経験をもちゴルフにも長けていた東京本願寺の住職、大谷光明《おおたにこうみょう》が、その後裕仁らを指導したようだ。

こうした環境のなかで裕仁は、ゴルフに熱を入れ始め、『実録』によると、この年、一九一七年の七～八月には、新宿御苑やオープンしたばかりの箱根の仙石《せんごく》ゴルフ場でプレーし、箱根滞在中は夕食後のゴルフ練習を日課としている。そして皇居に戻った九～一二月には、新宿御苑や赤坂離宮の芝生等でゴルフを行った。ゴルフに勤《いそ》しむ裕仁の姿は、新聞でも詳細に報道された（東京朝日一九一八・二・一七）。仙石ゴルフ場での初ラウンドには、兄弟三人で回り、沼津の田子《たご》の浦の砂浜につくられたゴルフ場での初プレーには、御学問所の御学友五人のほか、武官や侍従らも参加している（同二一・一八）。

こうして御学問所の最終学年、七年時ごろには「ゴルフへの興味を強められ、御学問所の休憩時や放課後にもしばしば練習」を行うようになるのである（実録一九二〇・五・九）。

天皇になるために

正式に皇太子となる

「将来大元帥陛下として君臨し給ふべき玉体のいやが上にも健《すこやか》に在はしませと東郷御学問所総裁、小笠原幹事等も只管《ひたすら》御体育の御向上に意を注ぎまつりし甲斐ありて、御体格も日増しに麗はしく……」（読売一九一五・二・二二）。

御学問所をあげての体育の取り組みが効果をあげ、裕仁の身体が健やかに育っているというのだ。こうした報道はさらにつづく。

御学問所の東郷平八郎総裁以下各職員は、とくに「御体格」について深く注意を払っており、毎朝、朝食後には御学友とともに上着を脱ぎ、純白のシャツで御苑に降り、当番侍従を相手に深呼吸、徒手体操等を行い、御学問所においても午後には、御学友、侍従等の御相手にてキャッチボール、テニス、器械体操等活発なる御運動を遊ばされ、御乗馬の如きも……小馬「会寧」等は近来最早や好ませられず、逞ましき駿馬「花芝《はなしば》」を御愛乗遊ばさるゝと承はる。

「御体格の御向上は驚くばかり」であり、この一～二年は軽い病気にも罹っていない（読売一九一五・六・二九）。

その翌年、一九一六年に裕仁は、立太子礼《りったいしれい》を迎える。立太子礼とは、次代の天皇となる皇太子であることを天下に宣明する儀式である。一五歳の時に執り行われるこの儀式をへて正式に皇太子となるわけだが、裕仁の場合は、同年一一月三日に行われた。それに合わせて一〇月二〇日の『東京朝日新聞』は、「勇ましき東宮殿下の御運動」について次のように報じている。

この数年軽い病気にも罹っておらず、身長も約一五八チセン《センチ》に達し、平日は毎朝、「徒手体操の名手」として御用掛に抜擢された加藤真一《まさかず》大尉の指導のもと、白シャツ姿で二〇分間体操を実施し、一昨年の春から始められた大弓ではかなりの「強弓」を使用するようになり、幼少時代から練習している馬術ではその「御英姿勇ましく」、そのほかにも軍刀術、射撃、号令の稽古はもとより、欧米の最新式の運動器具を取り寄せて「体育」に努めている。

さらに『東京朝日新聞』は、二九日に「運動服の皇太子殿下」の写真、三一日には東宮御所の「運動場」と「馬上の東宮殿下」の写真を掲載し、立太子礼を盛り上げた。ちなみに文部省と宮内省は、前年の高等小学校以上の公立校への大正天皇・皇后の御真影《ごしんえい》の下賜《かし》に引き続き、立太子礼を機に小学校と幼稚園を含めて、皇后・皇太子の御真影を下賜することを決定した（読売一〇・一二〇）。また立太子礼当日には、国技館が午前九時半に館員全員で万歳三唱し、風船一万個に数万の入場券を付してあげるなど、さまざまな催しが行われた（読売一一・二）。

ちなみに立太子礼に備えて、皇太子裕仁がその三カ月前から練習を開始したのは正座であった（実録八・二）。宮中の儀式には、その他にも長時間の正座が必要なものがあるが、とくに幼少期より椅子による生活を送ってきた裕仁にとって、正座は新たな訓練による修得が必要なものだったのだろう。裕仁は、みずからの身体を通して西洋化と日本の伝統とのギャップを味わうことになる。

一八歳で成年式を迎える

一五歳で正式に皇太子となった裕仁は、一八歳で成年式を迎える。これも皇位継承者だけに適用される特別のものであったが、この時の新聞報道でも、強健な身体とそのために取り組んでいる武課及体操、そして御運動などがクローズアップされた。

軍事上の御知識も追々《おいおい》と御進歩あらせられ、教練や応用体操、基本体操、軍刀術、射撃等の武課をも日々欠かし給《たま》はず、殊《こと》に軍刀術を御練習の際は、面や胴、小手などの御道具を御着けになり、それに畏《おそ》れ多くも木綿の御袴を御穿《は》きになつて、いと御熱心に御勇ましく御稽古を遊ばされる。その他乗馬、游泳、弓術、野球、ゴルフ、庭球、蹴鞠等の御運動をば時に出仕の公達《きんだち》や侍従達を御相手に遊ばされ、御心身の鍛練に努めさせらるゝので、尊体弥々《そんたいいよいよ》御勇健に渡らせられ、筋骨頗《すこぶ》る逞《たく》しく、御身長五尺四寸を超え、御体重も十五貫にも近く在らせらるゝ（東京朝日一九一九・五・三）

ここでは御運動のひとつに「野球」もあげられている。『実録』にも同様の記述があるが、これはキャッチボールやフィーダーのことを側近が記録する際にそう表現したのだろう。皇太子裕仁の身長と体重については、約一六四㌢《チセン》、五六㌔《キロ》となっている。同日の『読売新聞』の報道もまったく同じで、こちらは軍服姿の写真も掲載している。

新聞報道によって伝えられた身長と体重は、御学問所幹事の小笠原長生《おがさわらながなり》が、記者会見の際に配布した文書に記されたものと同じで、そこには「尊体は御年齢と共に益々御勇健に渡らせられ」と書かれている（実録一九一九・五・二）。側近たちの自負が示されたものとみていいだろう。

教練や体操、運動によって心身を鍛え、筋骨たくましく成長した強健な身体がアピールされているわけだが、実際はどうだったのか。『実録』をたどってみると、一九一八年一月、御学問所の三学期の授業は、八日間休止となり、武課及体操、馬術は一カ月以上、朝の体操は二カ月近く中止となっている（実録一九一八・一・一一―二・二七）。風邪のためだ。この年には、三月にも三日間、一一月にはインフルエンザのため、二週間以上授業が休止となった（同三・六／一一・三）。さらに成人式を終えた後も、皇太子裕仁は何度か風邪をひき、一九年六月には四日間、同年一二月にも一週間授業が休止となっている。御学問所の四〜六年時には、毎冬風邪などを患っていたのであり、実際にはとても強健とはいいがたい健康状態であった。

姿勢の矯正

また、このころには皇太子裕仁の姿勢が、問題視されるようになっていた。良好な姿勢が保持できるよう、御座所で使用している机と書見台を改良し（同一九一八・三・一）、さらに腰掛の姿勢について浜尾新《はまおあらた》副総裁が裕仁に注意を促すとともに、医師の三浦謹之助や加藤真一らの協議により新たな椅子が製作され、六年の一学期から、改良された机とともに使用されるようになる（同一九二〇・一・二八／四・一五）。永積は、ある時期、裕仁の猫背を直すために、授業が終わった後、座席の横につけられた取っ手を引っ張って背を伸ばすという運動を毎回やるようにといわれたと述べているが、それが「新たな椅子」による姿勢の矯正だったのだろう。また、裕仁の近眼を直すために、視野をさえぎる木などを切り倒し、教室から海が見えるようにした（『昭和天皇と私』）。こうした取り組みについては、甘露寺の回想でもふれられているが（『天皇さま』）、どちらも効果はほとんどなかったようだ。

この時期、側近らが裕仁の姿勢にやかましくなったのには理由がある。膨大な数の皇室関係の儀式、行事等への臨場、各地への行啓《ぎょうけい》等が、成人式を終え、成年皇族となった裕仁を待ち受けていたからだ。そのため裕仁は、儀式のための授業外での稽古等を増加しなければならず、六年の一学期から、御学問所の授業を週六コマ減らすとともに、腰掛、直立、朗読、行進等の各姿勢についても注意が払われるようになる（実録一九一九・一・一一）。将来の天皇に必要とされる姿勢の習得に向けて、本格的な訓練が始まったのだ。

乗馬も例外ではない。日ごろの練習成果が披露されるハレの場面が訪れるようになる。一九一九年七月、第一次世界大戦の終結を記念して代々木練兵場で開催された平和記念観兵式で、裕仁は、愛馬「和亭」に乗り、「颯爽たる御英姿」で、天皇および外国武官団の先頭に立って、近衛師団の兵士を閲兵し（東京朝日一九一九・七・二二）、一〇月の天長節閲兵式でも、秋雨の中、同様の「雄姿」を披露した（同一一・一）。

当時、皇太子裕仁には、東宮武官長と陸軍・海軍からそれぞれ二人ずつ侍従武官がつき、彼らが陸海軍と連絡を取り、第一次世界大戦の戦況を説明したり、また、観兵や行啓などのお伴もつとめた。その一人、壬生基義《みぶもとよし》が御用掛を兼務し、乗馬の授業を担当していたことは先にみたとおりである。

東宮武官長 奈良武次

一九二〇年七月、東宮武官長に陸軍中将、奈良武次《たけじ》が就任する。ドイツ駐留経験をもち、陸軍省軍務局長などを歴任し、第一次世界大戦の講和会議にも陸軍代表として出席した国際経験豊富な奈良は、その後一三年の長きにわたって裕仁の武官長をつとめることになるが、その最初の任務が、裕仁の葉山および箱根滞在のお伴だった。

「奈良武次回顧録草案」（波多野澄雄他編『侍従武官長奈良武次日記・回顧録』第四巻、柏書房、二〇〇〇年）によると、箱根滞在中、奈良は、裕仁になるべく「御自由御簡素なる御生活」を勧めるとともに、「欧米各国の生活状態」等について紹介することに努め、また、御運動には常に同行し、裕仁からゴルフの「御教習」を受けた。そして奈良は、こうした勤めの合間をぬって、小田原に元帥山県有朋を訪ね、裕仁の教育方針について意見を聞き、その内容を東宮侍従長の入江為守《いりえためもり》に報告している（実録一九二〇・八・一四）。

こうして山県有朋の意見をふまえた裕仁の教育方針が決定されるのだが、その内容は、①広く浅い知識の習得、②自由快闊な態度と会話の習熟、③陸海軍の統帥に対する関心を深めるため軍事教練による実兵指揮の実施、④兵器への関心を高めるため射撃の実施、⑤乗馬の熟達、⑥外国語（フランス語）の習熟と外国人の応接の経験、⑦「凡ての御行動に御経験を積ませらるべきため」の外国旅行の実施を柱とするものであった。

このうち軍事教練は、山県がとくに強調したものであり、奈良によると、一九二〇年一〇月初めごろよりそれを具体化して、東宮御所内に塹壕《ざんごう》を掘り、機関銃操練、狭窄《さようさく》射撃、歩兵小部隊の教練などを行い、また、陸軍戸山学校内の射撃場で小銃射撃を行った（以上、「奈良武次回顧録草案」）。小銃射撃では、御学友とともに五発の発砲を経験している（実録一九二〇・一〇・二七）。同年一〇月末の天長節観兵式に、皇太子裕仁は、はじめて天皇の名代として出席し、一一月には大分県で実施された陸軍特別大演習にも出席したが、軍事教練の実施はそれらに対応したものであったと思われる。

なお、裕仁の射撃訓練に対しては、「鳥獣殺生さへも君徳を傷ふ」という意見が宮中にあり、入江東宮侍従長や浜尾大夫も、「射撃の御試行を好まざる風」に見受けられたと奈良は述べている（「奈良武次回顧録草案」）。天皇に対する宮中の伝統的な観念が、この時期になっても生き残っており、銃で人を撃つという行為に抵抗を示したのだ。天皇の軍人化が宮中にもたらしたひとつの亀裂とでもいうべきものだろう。

『読売新聞』は、一九二〇年三月、皇太子裕仁が行啓先の宮崎で、「学生が豪雨を衝いて奉迎歌の吹奏裡に、殿下は侍臣の注意も退けられ約一五分間も雨中に直立不動の御姿勢で、挙手の礼を賜ひ御帽子から大粒の雫がボタ〳〵と落ちるのを拝して、拝観者の内には感極まつて号泣したものさへあつた」という感動的なシーンを紹介し、裕仁の「下《しも》を憐み給ふ」姿勢を絶賛した（読売一九二〇・七・七）。そこには御学問所幹事の小笠原の談話も掲載されており、「御鍛練の為めに体操、馬術、銃剣術などの御教練、ゴルフ、野球、蹴球、庭球、大弓等を試みられる」と裕仁の鍛錬ぶりを強調するとともに、学業優秀であるだけでなく、社会問題にも精通しており、ロシア革命についても「同国の帝室の亡びたのは人民との関係が親密でなかつた事」が要因だと指摘し、御学問所の歴史担当、白鳥庫吉《しらとりくらきち》を驚かせたというエピソードも紹介している。この脈絡からみるならば、宮崎でみせた雨中の直立不動の姿勢は、人民との関係を親密化し、皇室を維持していくために、裕仁がその強い意思によって試みたものであったということになる。

天皇の名代として

裕仁は、同年九月末に乗馬で東宮御所から石神井《しやくじい》村まで出かけているが、これは非公式の行事だったため、警察による沿道の警備もなく、お付の者も二、三名であったが、これも、「近時殿下には社会思想に深き御注意を払はせらるる結果」であると報じられた

（読売一九二〇・九・二七）。ロシア革命の衝撃とそれを乗り越える皇室の取り組みが始まり、メディアがそれを好意的に伝えるようになるのである。

一九二〇年四月九日、大正天皇は、御座所における政務以外は、一切の公式の執務を止め、もっぱら保養に努めることになる（実録一九二〇・四・一三）。病状が悪化したためだ。その兆候は、それ以前からすでに現われていた。皇太子裕仁が、健康状態が優れない大正天皇とともに、兵庫・大阪で行われた陸軍特別大演習に同行したのは、前年の一一月のことだった。奈良は、その時の大正天皇について「御乗馬を怖れさせらる丶御模様」だったと述べている（「奈良武次回顧録草案」）。結局、大阪で実施された陸軍特別大演習観兵式では、大正天皇が馬車から兵士を閲兵し、裕仁が乗馬のまま約一時間五〇分にわたり分列式を台覧した（実録一九一九・一一・一五）。「聖上には毎週二回乗馬の御運動」「東宮は近頃グッと御上達」と父子の乗馬姿が報じられてから（東京朝日一九一九・四・一六）、わずか半年後のことである。

そして先にも述べたように、その一年後の一九二〇年一〇月、代々木練兵場で行われた天長節観兵式で、裕仁は、大正天皇の名代としてはじめて臨場し、陸軍少佐の正装で愛馬「進風《しんぷう》」に乗って、一万五千の兵士の分列式を台覧し、各隊ごとに挙手の礼を行った（読売一九二〇・一一・一）。

それは、陸海軍の頂点に立つ次代の大元帥としての姿を象徴するものであったが、その機会の到来は、おそらく本人の予想をはるかに超える早さでやってきたのだった。

新しい皇室像の発信

ヨーロッパ外遊

ヨーロッパ外遊

いざ外遊へ

一九二一年一月、御学問所《おがくもんじょ》の最終学年である七年の三学期も、いつものように沼津の御用邸で始まった。始業式は一一日。その翌日には、さっそく乗馬の授業も行われた。さらに一六日には、三津方面に乗馬で遠乗りを行ったが、この日、宮中で皇太子裕仁に関する重要な決定がなされる。ヨーロッパ外遊である（実録一九二一・一・一七）。

その後、出発が三月三日に決定し（同二・一五）、こうして御学問所の最後の学期は、わずか一カ月で慌ただしく幕を閉じることになる。御学問所の終業式は、一カ月ほど繰り上げられたが、この時、丸刈りだった皇太子裕仁の頭は、外遊にそなえて長髪に変わり、七三に分けられていた（高橋紘『人間昭和天皇』上、講談社、二〇一一年）。

裕仁の外遊は、君主に必要とされる能力を習得する貴重な実地教育であり、また、単なるヨーロッパ諸国の見聞にとどまらず、第一次大戦後の「民衆の運動思想の動揺」と各国の消長、「治乱興廃」の要因を探る絶好の機会でもあった（波多野勝『裕仁皇太子ヨーロッパ外遊記』草思社、一九九八年）。

第一次世界大戦とそれにともなう社会変動、デモクラシーの高揚や社会主義・共産主義運動の高まりは、ヨーロッパの世襲君主制をつぎつぎと崩壊させた。ロシア革命によってロマノフ王朝が崩壊し、ドイツ、オーストリア・ハンガリーなど、強国の君主制が相次いで倒れ、「君主制の世界的危機」といわれる状況が出現していたのである。例外的に君主制を維持しえた英国やベルギーも決して安泰であったわけではなく、王室に対する国民的な支持を獲得すべく懸命な取り組みがなされていた（梶田明宏「『昭和天皇像』の形成」、鳥海靖他編『日本立憲政治の形成と変質』吉川弘文館、二〇〇五年）。

大規模な旅とその報道

三月三日。皇太子裕仁は、軍艦「香取」で、横浜港よりヨーロッパ外遊に旅立った。護衛にあたる供奉《ぐぶ》艦「鹿島」もいっしょだ。この英国製の二隻の軍艦には、日ごろから東宮御所《とうぐうごしょ》で側近としてつかえている職員、軍人、医師ら三一名、そして海軍第三艦隊の将校や水兵ら一八七三名が乗り込んだ（宮内大臣官房庶務課『皇太子殿下海外御巡遊日誌』一九二三年）。帝国議会で可決された軍艦派遣費は、四四二万円にのぼる（外務省百年史編纂委員会編『外務省の百年』上巻、原書房、一九六九年）。皇太子一行は沖縄、香港などを経由して五月七日に英国に到着し、その後フランス、ベルギー、オランダ、イタリアおよびローマ法王庁を訪問して、七月一八日にナポリを出航、九月三日に帰国した。まる六カ月におよぶ大規模な旅であった。

皇太子の外遊という前代未聞のニュースは、メディアによってその一部始終が大々的に報道された。宮内省のマスコミに対する姿勢は、出航前から変化しはじめ、さらに外遊中には日本人記者に対して、これまでにない自由な取材を許可したため、新聞や雑誌などが詳細に報じただけでなく、外遊中の裕仁の姿が写真集や記録映画という視覚的なメディアによっても伝えられることになる。なかでも記録映画は、全国で七〇〇万人近く、実に一〇人に一人が観たとされる（原武史『昭和天皇』岩波書店、二〇〇八年）。

スポーツ関係のニュース

外遊報道のなかで、スポーツに関するニュースはさほど多くはない。大半が艦上での生活であったため当然ではあるが、その様子は、海軍第三艦隊司令官から海軍大臣宛に電報で伝えられ、それを新聞各社が報道した。たとえば『東京朝日新聞』と『読売新聞』の見出しを拾ってみると、往路では、「飛沫高き甲板に連日ゴルフの御興　打ち損じ給ひては快活な御一語　最も下手な奈良侍従武官長」（東京朝日三・八）、「昨日午後御召鑑《おめしかん》香取は海南島沖にあり　昼はゴルフに夜は活動写真に興ぜらる」（読売三・一五）、「艦内で御游泳」（東京朝日三・二九）、「赤道近く御元気益お盛んな東宮のお姿　デッキビリヤードにお興じの光景」（同四・五）。また、復路では、「東宮殿下の御相撲」（同八・三）、「スマトラ御通過　キャンネンに向つて　両殿下共御元気にてゴルフに興ぜらる」（同八・九）、「ゴルフの御遊び」（読売八・九）といったところである。ここでいう「ゴルフ」と「デッキビリヤード」は同じもので、デッキゴルフのこ

図10　渡欧中の「香取」艦上でデッキゴルフを行う　1921年（毎日新聞社提供）

とである。

こうした艦内での皇太子裕仁の御運動の様子をより詳細に伝えたのは、同乗した海軍将校や侍従たちであった。たとえば海軍少尉光延東洋《みつのぶとうよう》は、裕仁がデッキゴルフを「荒天の最中、後甲板で潮を浴び」ながら行ったとし、同雪下勝美《ゆきしたかつみ》は、供奉員らを相手に行った相撲も、インド洋航海中の「炎熱の下、しかも日盛りの午後二時頃」に後甲板の「粗末なマット製土俵の上」で行われたことなどを取り上げ、これらが単なる娯楽ではなくまさに鍛錬であり、それをあえて行ったことが裕仁の聖徳であり、国民が見習うべきものだと主張した（聖徳奉賛会編『聖上御聖徳録』）。こうした逸話は、軍艦「香取」で編纂された『皇太子殿下御逸話集』をはじめ、小栗孝三郎『御召艦内御逸話と御高徳』、二荒芳徳・澤田節蔵『皇太子殿下御外遊記』などにも収録、転載され、国民の間に流布していった（梶田明宏「『昭和天皇像』の形成」）。

皇太子の健康への配慮

ところで東宮《とうぐう》武官長の奈良武次《たけじ》も、皇太子裕仁の外遊に同伴したが、この時のことを「当時東宮殿下の御体格は兎も角、外観上御姿勢良好ならずとの評は免れざる所にて、予は御健康に付て内心危惧を懐き、御外遊に付ても此点だけは大いに杞憂し」、外遊の反対派の急先鋒であった東宮大夫の浜尾《はまお》新《あらた》も、同様の杞憂を懐いていたのではないか、と書いている。裕仁の姿勢の悪さもさることながら、健康状態こそが外遊に際しての最大の不安材料だったのだ。それゆえ、医師による毎朝の体温測定と検便が、裕仁の「精神に及す影響」が側近のあいだで議論となり、外遊中はこれを実施せず、その他の「御動作」に対してもなるべく干渉せず、自由にまかせるようにし、甲板上での御運動を強く勧めたという。

外遊中の裕仁の健康状態は、実は側近たちのこうした繊細で周到な配慮によって支えられていたのであり、デッキゴルフや甲板に備え付けられた帆布製の水槽で行われた水泳などもその一環をなすものであったのだ。奈良は後に、「一回も御不快のことなかりしは実に幸なりし」と述べている（以上、「奈良武次回顧録草案」）。この一文に奈良の安堵感が滲み出ている。外遊中の半年間、裕仁は健康を保つことができたのだろう。体重が四・五キロ増加したという（東京朝日七・一五）。

英国でのスポーツ体験

時計の針を戻そう。皇太子裕仁の最初の訪問国は、日本の同盟国であり、ヨーロッパにあって例外的に君主制を維持している英国であった。裕仁に関する情報は、事前に英国の駐日大使から英国の外務大臣に伝えられており、そこには「乗馬に卓越しているといわれますが、閲兵以外乗馬姿を見ることは稀です。殿下はゴルフを習っており、好きだということでした」といった報告もなされていた（高橋紘『人間昭和天皇』上）。こうした情報は、英国皇室にも伝わっていたのだろう、英国皇太子の妹メリーは、裕仁に会った際に「日本の皇太子は乗馬やゴルフ等何でもスポートはお好であると聞いてゐるが、併《しか》し英国のスポートは必ずツー・マッチであらう」と言ったという（名倉聞一「英国印象断片」『新小説』一九二一年四月号）。いくらスポーツ好きの裕仁でも、英国のスポーツはもうたくさん（too much）ではないか、というのだ。ちなみに英国はスポーツの母国であり、乗馬やゴルフだけなく、テニス、水泳、サッカー、ラグビー等々、地球的規模で普及したスポーツのほとんどが英国産まれである。

「ツー・マッチであったか、どうかは自分は知らないが、ゴルフや鱒釣、ドライヴなどをされた」。現地取材を担当した朝日新聞記者、名倉聞一《もんいち》は、英国での皇太子裕仁のスポーツ体験についてこう伝えている（同前）。寄港地や訪問先での裕仁の様子については、新聞各社の特派員記者らによる取材が可能であり、彼らが腕をふるったのだ。

さて、名倉がいうゴルフは、英国皇太子エドワードの案内で、ロンドン郊外のゴルフクラブに赴き、そこで全英オープンチャンピオンのジョージ・ダンカンなど、一流プレーヤーの模範演技を観たというものである。ちなみに裕仁は、フランスでもパリゴルフ協会のゴルフ場で、西園寺八郎式部官らとゴルフを楽しんだ（実録七・二／七・五）。

英国ではその他にもボート競技やフェンシングなどを観戦し、その様子が「撃剣銃槍試合御覧」（東京朝日五・三〇）、「端艇競漕台覧　牛津《オックスフォード》大学にて」（同六・二七）、「オルダーショットにて撃剣台覧」（同六・二八夕刊）などと写真付きで報じられた。

外遊に同行した海軍少佐雪下は、裕仁が、英国の地で「彼国人《かの》が運動好きにして、其立派なる体軀や紳士的人格は大いに此スポーツに負う所大なる」と感じ、「日本も運動を奨励せねばならぬ」と述べ、自分たちにも「ゴルフを練習せよ」と勧め、ゴルフクラブの種類や用法、どこにボールが当ればどの方向に飛ぶかなど詳しく教示されたという（『聖上御聖徳録』）。

英国でのスポーツ体験は、裕仁にスポーツの価値や日本におけるスポーツ奨励の必要性を再認識させ、さらには自身のスポーツへの意欲をかき立てたにちがいない。

スポーツマンとしての皇太子裕仁

爆発的な人気の中で摂政となる

ヨーロッパの列強国の君主や元首たちに歓待され、堂々とふるまう日本の若き皇太子裕仁の「英姿」。また、市民の歓迎に笑顔で応酬し、時には群衆の中に立ち握手を交わす「平民的な御態度」。こうした裕仁の姿は、メディアと国民から支持され、爆発的に人気が高まり、ひとつのブームを引き起こす。

一方、宮内省は、裕仁のヨーロッパ外遊中、地方官に対して「皇室と国民との間を一層親密にする為最善を尽す」よう指示するとともに、皇居や離宮の拝観の範囲を拡大し、皇宮《こうぐう》警察も長剣を廃止し、拝観者の目に触れる場所では無剣とするなど警備のソフト化をはかった。そして八月下旬には、皇室報道に関する規制をより緩和する（坂本一登「新しい皇室像を求めて」『年報・近代日本研究』二〇、山川出版社、一九九八年)。弟たちに対する撮影も許可され、毎日新聞社が、五歳となった四男の崇仁《たかひと》が、日光の御用邸の庭で自転車に乗ったり、トンボをとったりしているところを映画化した(「三笠宮崇仁殿下との対話」)。

こうして、外遊を機に爆発的に高まった皇太子裕仁に対する人気、そして皇室解放政策のうえに、帰国から約三カ月後の一一月二五日、裕仁は、病状が悪化していた大正天皇に代わって政務を行うため摂政《せっしょう》に就任する。そして、それと並行して、裕仁自身がスポーツマンであり、また熱心なスポーツファンであることがメディアを通して国民のあいだに明確に示されるようになる。

ゴルフとテニス

たとえば、東京日日新聞社は、皇太子裕仁の摂政就任の前日から三日間、記録映画『東宮殿下御渡欧』や『三皇子殿下御動静』、『澄宮殿下御運動』などを公開上映するとともに(東京日日一一・二二)、摂政就任の当日の『東京日日新聞』(次頁図11)に、

摂政の御大任を前に　鉄の如き御すこやかさ　ゴルフ、庭球、乗馬、撃剣、弓術、競走、水泳其の他　総べて群を抜く御熟練と御熱心　運動家としての東宮殿下

という四段抜きの大見出しの下で、スポーツマンとしての裕仁の姿を紹介した。そのリードでは、多忙な中でもますます健康で、「溌溂《はつらつ》たる御元気」を示しているのは、学習院時

摂政の御大任を前に
鐵の如き御すこやかさ
ゴルフ、庭球、乗馬、撃剣、弓術、競走、水泳其の他
總べて群を抜く御熟練と御熱心
運動家としての東宮殿下

摂政の大任に就かせ給ふやに承はる東宮殿下には御外遊から御歸朝以来公私の御用務に尋常ならず御精勵遊ばさるゝは誠に恐懼に堪へぬ次第だがしかも御健康は益々勝れさせられいつの御會合にも何等御疲勞の態を拝せず潑剌たる御元氣を示させ給ふは畏き極みである、之も殿下が學習院御在學當時から今日に至る迄身心の御鍛錬に御心を傾けさせられ各種の運動競技にも深き御研究心と趣味を持たせられるからで現在殿下が遊ばされる主な運動はゴルフと庭球と馬術であるとのことだが、今運動家としての殿下の御半面をうかゞひまつるに大要左の如くである

最も御熱心な
ゴルフ競技
御歸朝後著しい御上達
西園寺八郎氏が御相手で

歸朝して
から御相手と
箱根の
千石原ゴルフ

「軟球は古い」と
畏き仰せ言
英國皇太子殿下と
待たるゝ晴れの御試合

軟球は古
いと仰せられ

短距離競走で
選手の御資格
百米突十二秒の御記録

日英庭球
戰が開かれる

化粧褌をつけて土俵に
水泳も一里は御平氣で

「殿下のは
痛い」と御相手

百米突を
十二秒弱で驅け

化粧褌を
新調して蹶起

英皇太子が
御乗用の自動車

山登り
身體を錬るに
一番だ——と

御輕装で

支那女學生
底抜けの新
男學生と同
主張する

仰ぐも畏き東宮の御高德
御料の風呂へ
誤て某高官が
「アゝお前だつたか」と
御叱りもなく御微笑

佛語の
運動書を御讀

世界學術會議の
復活案を齎らして
京大近重博士歸佛
黒比奈博士は見合せ

図11　『東京日日新聞』1921年11月25日付

代より「身心の御鍛練に御心を傾けさせられ、各種の運動競技にも深き御研究心と趣味を持たせられるから」であると、スポーツの効果をうたいあげ、各種スポーツについても以下のように詳細に報じた。

「最も御熱心な　ゴルフ競技　御帰朝後著しい御上達　西園寺八郎氏が御相手で」。ゴルフには、こんな見出しがつけられている。ゴルフは最近習得され、昨年から西園寺が相手となり、また輔導役ともなっており、高輪《たかなわ》御所内の芝生では、侍従その他を相手に、また、日曜日には新宿御苑で半日ゴルフを行っている。六万坪の鈴川のゴルフ場は理想的だが、箱根の仙石原《せんごくはら》ゴルフ場でもプレーされる。外遊中にも甲板などでもプレーされたが（デッキゴルフについての誤解）、帰国後は上達が著しい。

テニスは一九一五年から始められ、最初は軟球であったが、「軟球は古い」と言われ、一昨年より硬球に変えた。現在御所にはテニスコートが二つあり、黒田長敬《ながあつ》侍従や旧御学友の松平、大迫らを相手に白の運動服で軽快にプレイされる。なかなかお上手で、「運動としては手軽で非常に面白い」と評されている。来春の英国皇太子来日の際には、必ずや御所のコートで「愉快な日英庭球戦」が開かれるだろう。見出しは、「『軟球は古い』と畏き仰せ言　英国皇太子殿下と　待たるゝ晴れの御試合」。来日が決まった英国皇太子とのテニスマッチの開催を予想しているのだ。

多様なスポーツ体験

乗馬は、壬生基義《みぶもとよし》伯爵や主馬寮《しゅめりょう》の根村当守車馬監の教えを受けて十数年になり、もはや立派な騎手であり、遠乗りもたびたび行っている。

『東京日日新聞』の記事はさらにつづくが、その他のスポーツ種目については、まとめて「短距離競走で　選手の御資格　百米突《メートル》十三秒の御記録　化粧褌をつけて土俵に　水泳も一里は御平気で」という見出しがつけられている。

陸上競技は、御用掛の加藤真一《まさかず》の指導を受け、一〇〇メートル走が一三秒弱。日本記録が一一秒二なので選手並みである。砲丸投げ、槍投げなども茶褐色の運動服で熱心に行い、槍投げはなかなか巧みで現在でも旧御学友を相手に芝生で試みている。

撃剣は、中等科（御学問所）の二年ごろから始め、これも御学友を相手に素肌に木綿の上下で、面小手をつけて行い、手厳しい打ち込みに「殿下のは痛い」と相手が恐縮するほどであった。弓術も高輪御所で三尺的を約四六メートルの遠距離で射貫いたことがある。「野球は正式のは遊ばされないがフイーダー（小規模野球）をなされる」。

相撲は丸尾錦作養育掛の勧めでとても好きになり、今ではあまりやらないが、かつて葉山の御用邸で、化粧褌を新調して相撲を取ったこともある。水泳は、毎夏葉山の御用邸で行い、非常に上達して、約四キロの遠泳や短距離の競泳、水上バスケット（水球）、那須与一の扇の的などの「余興」もできる。山登りはことのほか好きで、「身体を練るには一番だ」と言い、いつも洋服に靴という軽装で、箱根では一夏に何度も登山をした。その他、クロッケーもされるが、最近は一層「海外の運動」に熱心で、しきりにフランス語の運動書をご覧になり「新しい運動競技は何でもなさらうと云ふ御熱心である」。

以上がこの記事の全文だが、その最後は、皇太子がこれほど多方面にわたる運動の研究家であり、実践家であることは、「国民保健奨励の上から見ても畏《かしこ》き極みである」、という言葉で締めくくられている。

イメージの形成

この記事の内容は、これまでの本書の記述と重なる点が多い。一〇〇走《メートル》の記録については、他の史料で確認することができないので、信憑性に欠けるが、日本初のオリンピック代表選手として、一九一二年のオリンピック・ストックホルム大会の一〇〇《メートル》走などに出場した東京帝大の学生、三島弥彦《やひこ》が、学習院の出身で、裕仁がその影響を受けていたという推測も成り立つ。そのころ、裕仁は学習院や東京帝大の運動会を観覧しており、目の前を駆け抜ける三島の姿を見ていた可能性があるからだ。

とはいえ、「たいていの運動はやってみたが、手広くやりすぎて、どれもあまりモノにならなかった」（岸田英夫「昭和天皇の生涯・謎・系譜」）というのが自身の評価であり、大見出しにあるような「総べて群を抜く御熟練」というのは、かなりの誇張とみた方がいいだろう。重要なことは、そのような誇張や粉飾をともないながら、裕仁がすぐれたスポーツマンであり熱心なスポーツファンであるといったイメージがメディアを通してつくられていくことである。

健康でたくましい次代の天皇

外遊から帰国後の皇太子裕仁のスポーツ活動は、たしかに熱心なスポーツマンやスポーツファンと呼ぶにふさわしいものだった。たとえば、外遊から帰国した直後、九月から一二月までの四カ月間をみてみると、『実録』に記録されているだけでも、箱根の仙石原ゴルフ場や新宿御苑などで計一〇回ゴルフを行い、乗馬を一二回、テニスを九回行っている。また、向島《むこうじま》で開催された日本漕艇協会主催の聯合競漕会や東京市聯合青年団主催の明治神宮祭運動会にも臨席した。さらには前年の全英テニス選手権で準優勝し、同年のデビスカップでもその実力を示して世界的なプレーヤーとしての名声を高めた清水善造ら日本のトップ選手たちを招待し、主馬寮内のテニスコートで台覧試合も開催している。

これらは新聞でも報道されたが、台覧テニス試合については、内務省の手によって映画化された。内務省は、その後、登山や水泳等に関する映画も制作し、各府県への貸し出しなどを行っていったが、その観覧者総数は、一九二五年六月ごろまでに三府三一県で約四〇万人に達した（拙書『権力装置としてのスポーツ』講談社、一九九八年）。それは内務省に

図12　駒場運動場での競技大会を観戦（『実業之日本』1924年２月号より）

よる積極的保健政策の一翼を担うものであったが、その先駆けとなった映画が、台覧テニス試合だったのだ。こうしてみずからがスポーツファンであるという皇太子裕仁の熱心なスポーツマンであり、イメージが、新聞や映画などを通して、また、国家政策とも交錯しながら広がっていくのである。

メディアとのタイアップによって創られていく、「平民的」で、健康なスポーツマンであり熱心なスポーツファンであるといった裕仁のイメージ。そこには、日本の特殊事情を背景として、さらに重要なメッセージが込められていたとみるべきだろう。それが、幼少より脳膜炎にかかり、一九一九年からは日を追って病状が悪化していた父、大正天皇との見事なコントラストをなす、健康でたくましい肉体をもった皇室の主役の登場を人々に印象づけたからである。摂政就任決定の発表と同時に、侍医《じい》団による大正天皇の御容体書と宮内省発表が出され、これによって大正天皇のイメージは、それまでの「仁慈」に富んだ「英明」な君主から、幼少より脳膜炎を患った精神疾患をもつ人物へと一八〇度の転換をとげる。それと同時に皇太子裕仁がスポーツマンとして登場するのである。こうしてスポーツは、皇太子裕仁の身体をクローズアップし、それによって皇室の主役の交代、病弱な君主から健康でたくましい君主への交代を象徴したのである（拙稿「スポーツと天皇制の脈絡」『歴史評論』二〇〇〇年六月号）。

課外授業としての武課と馬術

摂政となった裕仁は、大正天皇が担当していたさまざまな政務を代行するとともに、政務以外では皇太子という立場に戻り、学問や乗馬など天皇となるために必要な訓練をつづけた。そのため、御学問所が廃止された後も、「御進講《ごしんこう》」という名の個人授業が、毎週火・木・金の午前に行われ、また、月曜の午前にも、臨時の「御進講」が行われるようになる。国文、憲法、皇室典範、漢文、国際公法、外交史、外国語（フランス語）、軍事学（海軍）、軍事学（陸軍）。これら九科目が「御進講」のスタート時の、いわば正課の科目だが、それ以外にも課外として、武課と馬術の二科目があり、こちらは平日の午後に実施された。馬術は壬生基義、武課は加藤真一が引き続き担当した（実録一九二二・一二・二〇）。

こうして摂政となった裕仁の「体育」が新たにスタートする。まるで御学問所時代の授業の延長にようにみえるが、その実態は、永積寅彦《ながづみとらひこ》が「御学問所時代は本当のご修練の時代で厳しい感じでしたが、ご終了後は非常に和やかで明るい雰囲気」だったと指摘しているように（『昭和天皇と私』）、大きく異なっていた。月・水に実施された馬術はたしかに授業に近いものであったと思われるが（実録一九二一・一二・六）、武課では、以前のような射撃や武道などは行われず、もっぱらゴルフやテニスなどのスポーツが行われた。なぜこのような変化が起こったのか。

裕仁の「体育」については、東宮武官長の奈良武次《たけじ》（一九二二年一二月より大正天皇の侍従武官長も兼任）や加藤真一らによって検討がなされたが（『侍従武官長奈良武次日記・回顧録』第一巻）、奈良は、このころの心境について次のように述べている。大正天皇の健康状態の悪化は、「御即位后急に重大の御仕事と御責任を負担せられ、御心配、御窮屈、御困難を漸次感ぜられたる結果」であり、その苦労を側近が「軽減」することができなかった。皇太子に対してはできるだけ「御境遇を安易和楽にし、御健康保持に適するやう努めんとの決意を更に新たにせり」。裕仁はヨーロッパ外遊から帰国後、休養のために一〇日間箱根の御用邸に滞在したが、この時奈良が奨めたのが「御運動を主とせる御自由なる御生活」であった（「奈良武次回顧録草案」）。奈良は、大正天皇のような精神的なストレスが次代の天皇の心身を蝕んでしまうのではないかという不安のもと、裕仁の精神的なストレスを解消させるための重要な手段として御運動をとらえていたのだ。こうしてテニスコートが新設されるなど（実録一九二二・一・二〇）、裕仁がスポーツに邁進する環境が整えられていくのである。

富士の裾野でのスキー

翌二二年一月八日、皇太子裕仁は、代々木練兵場で開催された陸軍始観《りくぐんはじめかん》兵式《へいしき》に臨場し、愛馬「追風」に乗ってその「勇姿」を見せた後、すぐさま沼津御用邸に移動し、その翌日より、登山、乗馬、ゴルフなどを連日行い、その間、一月一三日にはスキーも試みた。皇居の外での初の本格的なスキーである。『実録』によると、この日、裕仁は、朝八時に自動車で富士山の裾野まで行き、五本松と馬返に至るコースをスキーで往復した。スキー指導を担当したのは、宮内書記官の二荒芳徳《ふたらよしのり》と東京外国語学校教授の稲田昌植《まさたね》（一九二五年より全日本スキー連盟初代会長）であった。二荒は伯爵、稲田は男爵、つまり二人とも華族だ。

稲田によると、この日は多くの側近が「心配であった」ようで、東宮大夫の珍田捨巳《ちんだすてみ》や東宮侍従長の入江為守《いりえためもり》なども同行した。最初は緩やかな登りであったが、裕仁はかなり転倒し、「転ばないようにするにはどうすればよいかナァ」とつぶやいた。「転ぶ時には転ぶより外に方法は御座いません」と稲田は答えたが、練習の効果は早くも復路の滑降ではっきりと現われ、転倒も減少した。約五〇分の練習を終えて裕仁は、今後も「是非やりたい」と言い、これに対して稲田は、「この次は二荒氏や私ではもう御相手できないほど御上達なさるでしょうから、第一線の選手を御相手に推薦申し上げます」と答えたという（小川勝次『日本スキー発達史』朋文堂、一九五六年）。

はじめてスキーをやった時は、先にみたように弟たちと一緒だった。それから八年が過ぎていたが、「これまでスキーは降雪の折に東宮仮御所などの前庭で二、三回お遊びになったことはあったが、本格的に行われるのは今回が初めて」であった（実録一九二二・一・二三）。裕仁は、その後皇居に戻り、『実録』によると一月二二日に赤坂離宮の前庭で、その二日後にも赤坂離宮でスキーを試みた。

伝統の披露と日英ゴルフマッチ

英国皇太子エドワードが来日したのも一九二二年である。この年の四月、皇太子裕仁は摂政として、一年ぶりの再会となる英国皇太子を迎え、数々の歓迎行事を開催するが、そのひとつとして、吹上《ふきあげ》の馬場で打毬《だきゅう》や母衣引《ほろびき》などの観戦が行われた（実録四・一八）。打毬とは、英国のポロに似た、馬に乗った二組で対戦し、ひとつの毬を杖ですくい取って、毬門と呼ばれるゴールに早く投げ入れた方を勝ちとする騎馬競技である。平安時代に宮中行事となり、その後衰退したが、江戸中期に幕府によって再興され、明治以降には宮中や学習院中等科・高等科でも行われていた。母衣引とは、長さ九《メートル》ほどの吹貫《ふきぬき》のほろを、後方に長くなびかせ、地面につかないように、馬を速く走らせるという日本の伝統的な馬術の技である。英国皇太子一行は、その後、皇居内の武道場「済寧館《さいねいかん》」に移動し、そこで柔道、剣道、居合《いあい》抜きなどを観戦した。

日本の伝統的な騎馬競技や武術などの観戦。これは宮内省が日本のプライドをかけて企画したものだったと思われるが、大正天皇の侍従武官、四竈孝輔《しかまこうすけ》は、この日の日記で、「真剣にての古流型等は真に見る人をして心胆を寒からしめし程にて、特に外賓には薄気味悪く感ぜられ玉ひしならんと推せられたり」と日本刀による剣術形などを英国皇太子一行に見せたのは失敗であったと評している（四竈孝輔『侍従武官日記』芙蓉書房、一九八〇年）。英国皇太子一行が実際どう感じたかはわからないが、その場に英国のスポーツとは異質の不気味さが漂ったことは事実だろう。

両皇太子によるゴルフマッチが開催されたのは、翌一九日である。『東京日日新聞』の「愉快な日英庭球戦」という予想ははずれ、テニスではなくゴルフでの対戦が行われたのだ。対戦の舞台は、東京の駒沢ゴルフクラブ。両皇太子ともにジャケットにネクタイ、下は白っぽい霜降りのニッカーボッカーといういでたちで、裕仁はゴルフの指南役である大《おお》谷光明《たにこうみょう》と、エドワードは侍従のハルセーとペアを組んだ。この日の対戦は、フォーボール・ベストと呼ばれる、ペアのうちでいい方のスコアだけをカウントするという方式で行われたが、九ホールを終わって、ワンアップで英国皇太子ペアが勝利した（『権力装置としてのスポーツ』）。

裕仁が弟らとともにゴルフを始めたのは、先にみたように五年前に遡るが、この時西園寺八郎ら側近らが強調したのが欧米各国の王族らとの交流の際にゴルフが役立つという点であった。西園寺らの予想は見事に的中し、ここに実を結んだわけだ。

翌五月には、裕仁が「限りないスポーツに対する憧憬を心行くばかり楽しまれる」には、皇居内のコートでは「余りに狭い」という理由から、新宿御苑の一角に赤みを帯びた砂を敷きつめたテニスコート二面がつくられ（東京朝日五・七夕刊）、それを記念して熊谷一彌《くまがいいちや》選手らを招いた台覧試合が行われた。熊谷もまた、一九二〇年のオリンピック・アントワープ大会のテニスシングルスとダブルスの両方で銀メダルを獲得し、翌年のデビスカップでも清水とともに名声を得た選手である。なお、裕仁はこの年、乗馬の際にポロの練習も試みている（実録九・一六）。

皇室とメディアとスポーツのトライアングル

皇太子裕仁の浮き身

甘露寺受長《かんろじおさなが》は、こんなことを言っている。「私は運動万般得意なほうで、侍従としてもご運動の掛りというべき立場だったし、水泳でも陛下にいっかなおくれはとらないのだが、たったひとつ、どうしてもおよばぬ技がある。それは浮き身なのである。浮き身は、仰向けに寝た場合、身体の全面が水上に露出し、顔から足の先までほとんど平均に浮いているのが、理想の姿」だが、殿下は「この完全な浮き身をできる」。浮き身においては、名人の小堀平七と「並ぶほどの境地に達せられている」（『天皇さま』）。

浮き身は、遊泳術や水術などと呼ばれる伝統的な日本泳法のひとつの技である。それをいつどのようにして会得したのだろうか？

図13　泳ぎながら銃を構える　1922年8月，葉山にて（朝日新聞社提供）

先に取り上げた摂政就任時の『東京日日新聞』の記事では、皇太子裕仁が扇の的などの「余興」もできると報じていたが、当時の裕仁の水泳について、永積寅彦は次のように述べている。「最初は鉄砲をかついで泳ぎだして、少しいって鉄砲を構えて撃つんです。学習院で使っていた村田銃というのがありますが、薬莢で火縄ではないんです。空包で、それをなさいましたね。鉄砲はかなり重いので、脚をよほど動かさないと沈んでしまいます」「水書というのは、板に把っ手があって、それに紙が貼ってあって、船の上の人からそれを受け取って、立ち泳ぎで書くわけです」「殿下は立ち泳ぎとか浮身が非常にお得意です」（『昭和天皇と私』）。摂政時代には、日本泳法のこれらの技を会得していたのである。

水泳に関して自身は、「僕は小堀流だが、まァ我流だね」と答えているが（徳川夢声他「天皇を語る」『週刊サンケイ』一九五七年五月一二日号）、先にみたように学習院初等科時代には、小堀流踏水術による游泳演習に一度も参加していない。裕仁はいつ、どこで小堀流を修得したのか。

甘露寺は、小堀流を教えたのは、加藤真一だったが、「とうとう先生の加藤さんより上手になってしまわれた」という（『天皇さま』）。一方、永積寅彦は、「御学問所ご終了の後には学習院で水泳を教えて居られた小堀平七先生について小堀流をお習いになった」と述べている（『昭和天皇と私』）。小堀の指導も受けていたのだ。『実録』で確認できるのは、一九二二年八月六日に小堀平七が、学習院生徒・卒業生をつれて、葉山御用邸に参上し、海で甲冑游、抜手游、水書、立游射撃、潜水等を披露したというものである。この日、裕仁は小堀流の游泳術を見学するとともに、小堀から奥義について教えを受け、さらにみずからも海に入った。その姿は「東宮の鮮やかな　御游泳振り　浮身射撃や水書」（東京朝日八・八）などと新聞で報じられ、甘露寺が撮影した水泳帽をかぶって立泳ぎをしている写真も掲載された（同八・一三夕刊、東京日日八・一三）。

たしかに裕仁は、御学問所終了後に小堀の指導を受けたが、その時にはすでに日本泳法のいくつかの技ができるようになっていた。「僕は小堀流だが、まァ我流だね」と言ったのは、小堀から直接指導を受ける機会は非常に少なかったが、加藤の指導を介して小堀流の技を自分なりに修得していたという意味だろう。

映画「摂政宮御水泳」

ところで、この時の皇太子裕仁の水泳は、写真だけでなく、宮内省の技師によって映画にも撮られていた。そのフィルムは約六〇〇《メートル》、四巻におよび、そのうち二巻は裕仁の射撃や水書などの「妙技」を中心にしたもので、仕上がり後ただちに本人の元に届けられた（東京朝日一九二二・八・一三）。さらに大正天皇の誕生日には、日光の御用邸で映写が行われ、皇太子の「御活発なる御姿に両陛下」はたいへん満足し、御用邸が笑いにつつまれたという（同九・一夕刊）。

この映画はそれで終わりではなかった。その後すぐに宮内省より朝日新聞社に貸し下げられ、『摂政宮殿下御水泳実写』と題して九月九〜一三日の五日間、午後七時から朝日新聞本社ビルで上映された。一般公開されたのだ。朝日新聞社は、「摂政宮御水泳の映画公開」と紙面で観覧を呼びかけたが、申し込みが殺到したため、当初の予定を変更して上映日数を三日から五日に延長した（同九・九夕刊）。五〇〇席の会場なので、合計で二五〇〇名弱が申し込んだことになる。

上映初日には、裕仁が白の海水帽で登場した場面で一斉に拍手が起こり、立ち泳ぎのまま筆で「明月」と書いたところでまた拍手、そして水中キャッチボール、水球とつづき、さらに左右の手をクロールのように水面に抜き上げる見事な抜き手で列をつくって泳ぐ姿をみた観客は、「実に驚いたね」「お達者なものだ」と嘆美の声を上げ喝采をくり返し、「予《かね》て運動家としての殿下を想像せる人々も此の、鮮やかさには驚かされた」（同九・一〇）。

朝日新聞社は、社告で「摂政宮殿下が体育奨励に深い思召を持つてゐられることは申すまでもありません、御自身スポーツマンとして各種の競技を御体験になり、今夏は殊に葉山の海岸で水泳を遊ばされ、見事な泳技を示されました」と述べていたが（東京朝日九・七等）、スクリーンに映し出された裕仁の姿は、こうした言葉や人々の想像を超えたハイレベルのスポーツマンだったのだ。

なぜ朝日新聞社に映画が貸し下げられたのか。理由は不明だが、裕仁はその前年、一九二一年の元日より、側近が作成した新聞の切り抜きではなく、『東京朝日新聞』と『時事新報』の二紙を読むようになっていたことから（実録一九二一・一・一）、宮中側が同紙を評価していた様子がうかがえる。

さて、『摂政宮殿下御水泳実写』の上映から三週間後、一〇月四日の『東京朝日新聞』

夕刊は、映画欄で、「去年の秋からや、真剣になつた宮内省の映画班は、メキ〳〵と腕を上げ、その試験の結果を公表したのが摂政宮御游泳の一巻であつて、今後は映画で上皇室下万民との親しみを深くすると力《つと》む」と指摘した。宮内省は、皇室と国民との距離を縮め、皇室への支持を強化していく手段として映画に着目し、みずからその製作に取り組み始めたのであり、『摂政宮殿下御水泳実写』はその試作品第一号となったのである。皇室とメディアとスポーツの三者の結びつきを象徴するものといっていいだろう。

皇太子裕仁がスポーツ大会などに優勝カップを下賜《かし》し始めるのもこの午、一九二二年からである。

優勝カップの下賜

英国皇太子エドワードは、先にみた裕仁とのゴルフマッチの当日、銀製カップを東京ゴルフ倶楽部に寄贈し（東京日日四・二〇）、裕仁も、後日、英国皇太子にならって優勝カップを同倶楽部に下賜した（実録四・一九）。日付は不明だが、これが裕仁が下賜した優勝カップの第一号だろう。このカップは、直径六〇《チセン》、菊花紋章入りの大銀杯で、その後、倶楽部内争奪戦が毎年行われていった（摂津茂和『ゴルフ史話』ベースボール・マガジン社、一九九二年）。

二番目は、同年九月一四日、東京帝大運動場で開催された第一回日本庭球選手権大会の男子ダブルスの優勝ペアに贈られた二個の「摂政宮カップ」であろう。ただし、裕仁はこの大会を観戦しておらず、代理として明香宮がカップを授与した（東京朝日九・一五）。

三番目が、その一カ月半後、一一月五日に東京帝大運動場で開催された第一〇回全日本選手権陸上競技大会で、十種競技の優勝者に授与された純銀製で高さ六〇センチの「摂政宮カップ」（同一一・五夕刊）であろう。これが、裕仁自身が優勝カップの授与に直接立ち会った最初の事例である。この時、四〇〇メートル競走の優勝者には、英国皇太子エドワードより下賜されていた「プリンス・オブ・ウェールズ・カップ」が授与された。こちらは、エドワードが四月に来日した際に大日本体育協会会長、岸清一らを招いて下賜したものであり、新聞には、カップの写真とともに、

> 日本に於る運動競技は最近数年間に於て非常なる進歩を為せり。而して各種の英国式の競技に対して深甚《しんじん》なる御趣味を有せられ、既に「ゴルフ」乗馬及び庭球に於て一家を為されたる摂政宮殿下の「スポーツマンライキ」なる御態度に依りて日本の運動競技の大に激励せらるべきことを確信す。

というエドワードの令旨も掲載されている（東京朝日四・一七）。エドワードは、裕仁を英国のスポーツに秀でたスポーツマンであるだけなく、日本におけるスポーツ普及の牽引者であると評価したのだ。

新しい皇室づくり

第一〇回全日本選手権陸上競技大会に話を戻そう。この大会は、翌年に開催されることになっていた第六回極東選手権大会の予選も兼ねていた。極東選手権大会とは、二年に一度フィリピン、中国、日本の三国持ち回りで開催されていた「東洋オリンピック」とも呼ばれた大会であり、六年ぶりに日本で開催されることになっていた。翌一九二三年に大阪で盛大に開催されたこの大会には、大正天皇より下賜された純銀製の優勝カップ「天皇杯」が優勝国に授与され、大会の総裁には、前年に二〇歳となり秩父宮を名乗るようになった弟の雍仁《やすひと》が就任するなど皇室による強力な支援体制が実現することになるが（『権力装置としてのスポーツ』）、皇太子裕仁による優勝カップの授与は、その先駆けをなすものであったといえよう。英国皇太子エドワードが期待したようなスポーツの奨励が、まさに皇室をあげてなされていくのである。

同時にそれは、英国王室をモデルとした新しい皇室像づくりという課題とも表裏一体の関係にあったといえよう。先にも述べたように、裕仁の外遊中に打ち出された皇室報道の規制緩和など、皇室が「菊のカーテン」を開いて国民への接近をはかっていく姿勢をメディアは好意的に報道し、「国民の皇室」「平民主義の皇太子」といったイメージを流布していった。メディアとタイアップしながら進められた新しい皇室像づくり。それは、英国王室をモデルとした皇室の生き残り戦略であり、日英両皇太子によるゴルフマッチや両者からの優勝カップの下賜に象徴されるように、スポーツもまたこうした戦略の一翼を担うものとして重要な位置を占めていたのである。

なお、このような皇室によるスポーツ奨励をひとつの背景として、二〇年代の前半には、軍隊におけるスポーツも一時的に隆盛を迎える（高嶋航『軍隊とスポーツの近代』）。

母の不安

ところで、東宮武官長の奈良は、皇太子裕仁の外遊を「国民の予想せざりし破天荒の壮挙」と表現した（「奈良武次回顧録草案」）。これは『読売新聞』などの「破天荒の出来事」という表現をなぞったものだと思われるが、この「壮挙」を成し遂げたことによって、裕仁の身体は頑強なものとなったのだろうか？　帰国後、スポーツに勤しむ姿は、たしかに裕仁の健康ぶりを人々に印象づけるものであったが、実際のところはどうであったのか。

裕仁の母、貞明《ていめい》皇后の評価はそれとはまったく逆のものであった。スポーツにあまりに熱心な裕仁をみて、

此節は御運動に非常に御熱心なり、余り御過ぎになりてはいかゞと思ふ、却《かえっ》て少し静思御修養の方に御心を御使ひ被相成度《あいなられた》し、只今の処運動専心にて其の為め御弱点の神経性《しんけいせい》に御障《さわ》りなきを案じ居れり（伊藤隆他編『牧野伸顕日記』中央公論社、一九九〇年）

と宮内大臣牧野伸顕《まきののぶあき》に不安をぶつけている。一九二二年九月二二日のことだ。スポーツよりも「静思御修養」、つまり思索や精神修養に努めるようにすべきであるというのだ。「神経性」は神経質、あるいは心理的原因による疾患を意味するが、貞明皇后はそれが裕仁の「弱点」であるといい、スポーツに熱中することによる悪化を心配しているのである。

「神経性」への不安。その背景には、病に伏している大正天皇の存在があったのではないだろうか。奈良武官長が、精神的なストレスが次代の天皇である裕仁の心身を蝕んでしまうのではないかという危惧を抱いていたこと、そして御運動を裕仁のストレス解消の重要な手段としてとらえていたことは先にみたとおりだが、貞明皇后は、むしろその過度の実施によるストレスの方を心配し、釘をさしたのだ。

この時、貞明皇后が裕仁に要望したのはそれだけではなかった。「殿下には御正坐御出来ならざるに付、御親祭は事実不可能なり、今後は是非御練習の上、正座に御堪へ相成様《あいなるよう》致度《いたしたく》、昨年来殊に此種の御務め事に御怠慢の御様子あり」。宮内大臣牧野に向かって、裕仁に長時間の正座に耐えられるよう練習すべきだと主張したのである。神嘗祭《かんなめさい》で天皇の代役をつとめるには、二時間におよぶ正座ができなければならないが、裕仁はそれができない。

宮中で頻繁に行われる宮中祭祀は、外部の目にふれることはないが、「万世一系の皇統」を掲げる天皇家にとって、神聖かつ重要なものであり、天皇がその年の新穀を神に供え、みずからも食する神嘗祭は、そのなかでも最も重要なものであった。天皇は、そうした宮中祭祀の祭司長をつとめなければならず、天皇の代行としての裕仁に求められていた身体能力は、この場合、スポーツとは対極的な長時間の正座だったのだ。

スポーツと伝統の相克

摂政時代

日々の御運動——乗馬・ゴルフ・テニス

東宮侍従《とうぐうじじゅう》をつとめた甘露寺受長《かんろじおさなが》は、「殿下のご運動は乗馬とゴルフを隔日にということになっていた」という（『天皇さま』）。しかし、同じ東宮侍従でありながら本多正復《ほんだまさもと》は、御運動の「種類は乗馬、テニス、ゴルフ等」であるといい（「摂政宮殿下の御平生」『実業乃日本』一九二四年二月号）、フランス語の御用係であった海軍少将、山本信次郎《しんじろう》にいたっては、「午後、御乗馬を遊ばさない時には、テニスを遊ばします」と、乗馬とテニスが主体であったと述べている（『摂政宮殿下の御日常を拝して』日本警察新聞社、一九二五年）。

くいちがう側近たちの発言

乗馬、ゴルフ、テニス。これら三つが摂政時代の皇太子裕仁の御運動の中心であったことはまちがいないと思われるが、ゴルフとテニスについては、側近たちのあいだでも発言が食い違っている。なぜだろうか？　そして実際はどうであったのか？　まずは乗馬からみてみよう。

乗馬の飛躍的進歩

一九二三年は、皇太子裕仁が「御生涯を通じて最も馬術の進歩を遂げられた年であった」とされる（実録一九二三・一二・三〇）。飛躍の画期となったのは、同年の避暑中の乗馬だった。七月の葉山滞在で野外の騎乗や小障《しょう》碍《がい》飛越などに励んだ裕仁は、八月に那須に移動してからも、伸暢駈歩《しんちょうかけあし》で広地を馳駆して、馬術への自信をさらに深めた。その後も野外騎乗、遠乗、障碍飛越、団体運動の練習を重ね、弟の雍仁《やすひと》の訪問があった時には二人で馬術競技に興じた。また、軽井沢滞在中は、それまでの練習に加えて、もっぱら伸暢《しんちょう》歩度《ほど》による行進や鐙《あぶみ》を用いず一メートルにおよぶ生籬《まがき》（竹などを編んでつくった垣）の飛越なども試みた。

マグニチュード七・九の巨大地震が関東地方を襲ったのは、裕仁が避暑を終え、皇居に戻ってから五日目の九月一日のことであったが、裕仁は、震災から三日後には乗馬練習を再開し、以後日課としてつづけるとともに、九月一五日と一八日の二度にわたって、乗馬で東京市内の被災地を視察した。乗馬練習は、その後もほとんど連日つづけられ、東宮武官長、奈良武次《たけじ》の日記によると、一一月末までで三二回を数える（『侍従武官長奈良武次日記・回顧録』第一巻）。

図14　乗馬姿の絵葉書

一二月四日の『東京日日新聞』が、裕仁が被災民の心情を慮《おもんぱか》り、御運動を日曜の新宿御苑での実施に限定したと報じているように、乗馬回数の増加は、被災住民らの反発を考慮し、平日のゴルフやテニスを自重した結果でもあった。『実録』によると、裕仁は一二月末までに平日にもテニスを二度、ゴルフを一度実施しているが、それ以外は平日は馬術のみで、日曜のゴルフも一一月末までは新宿御苑には行かず、皇居内の広芝で行っている。

こうして一九二三年の皇太子裕仁の乗馬練習は、計一三九回、鞍数《くらかず》（馬に乗った回数）では一九六回を記録した（実録一二・三〇）。御学問所時代の一九二〇年の乗馬が、鞍数で七六回（同一二・二七）なので、その二・五倍ということになる。それは関東大震災の年、二三年だけの特殊な記録ではなかった。翌二四年も、乗馬練習が一三五回を数え（同一二・二九）、奈良武官長の日記に記録されている四九回分の実施曜日をみてみると、月・水・金を基本に乗馬練習が行われていたことがわかる（『侍従武官長奈良武次日記・回顧録』第二巻）。乗馬はこのころより隔日で実施されるようになっていたのだ。

皇太子裕仁の馬術の上達は、「御乗馬技術向上を急ぎ進めたき旨の意見」を東宮職の会議に提出した御用掛の西園寺八郎をはじめ甘露寺侍従、服部武官、清岡御用掛らの情熱によってもたらされたものであった（実録一九二三・五・一一／一二・三〇、「奈良武次回顧録草案」）。清岡は、西園寺や甘露寺らが裕仁の「御指南役」として採用した、陸軍騎兵学校の第一期卒業生、騎兵大尉の清岡直彦である（『天皇さま』）。

いちばん激しく練習をなさったのは、摂政宮でいらした時代から、昭和八、九年ごろにかけて、那須御用邸にご避暑になっていらっしゃるころであった。とくに、摂政宮時代には、軽井沢の大隈侯別荘や、栃木県の松方牧場などでお乗りになったが、まったく山野を駆けまわられる豪快なご乗馬で、危険のこともずいぶんご心配もうしあげるほどであった。……悍馬《かん》〔性質が荒々しい馬〕をお乗りこなしになるお上のお腕前は、よくよく承知もうしあげてはいるのだが万一ということを考えれば、心配で心配でたまらぬのであった。それで、一回の野外ご騎乗がすむごとに、心あるものはホッと胸をなでおろしたものであった。〈同前〉

甘露寺はこう述べている。最も激しい練習として甘露寺があげているのは、避暑中の乗馬であるが、その画期となったのが先にみた一九二三年の避暑だったのだ。侍従らが心配するような「豪快なご乗馬」。それは、裕仁の御運動のなかで、最も危険度が高いものだったといっていいだろう。

最先端技術を学ぶ

甘露寺によると、障碍は、清岡の後輩で「遊佐幸平《ゆさこうへい》という不世出の馬術家が先頭に立って、外国から名馬を輸入して以来、水準がみるみる上がってきた」が、それまでに「障害飛越をやっていたのは、習志野の騎兵学校ぐらいのもので、それも幼稚なもの」であり、「優秀な主馬寮の馬でも、三尺の溝、一尺の丸太を飛び越えるのさえ躊躇したものであった」という〈同前〉。皇太子裕仁は、当時の馬術の最先端の技術を学んでいたのだ。

その技術を競い合う国際的な舞台がオリンピックであったが、裕仁はその競技法にも挑戦している。一九二四年四月一六日、この日の奈良の日記には、裕仁がオリンピック・パリ大会における馬術競技法を試みたと記されている（『侍従武官長奈良武次日記・回顧録』第二巻）。パリ大会が開催される三カ月前のことである。オリンピックとのかかわりはそれだけではない。甘露寺が「不世出の馬術家」と絶賛した遊佐幸平が、パリ大会の馬術競技を視察し、その結果を帰国後に裕仁に報告するとともに（実録一〇・二三）、裕仁の命をうけて現地でサラブレット二頭を調達した（東京朝日一〇・一六夕刊）。そのうちの一頭が、ハンガリー産の白馬「吹雪」である。さらに裕仁は、遊佐による「高等馬術」の指導によって上達を遂げ、障碍の「最高のレコードは一メートル五〇」に達した（同一九二五・二・一二夕刊）。裕仁にとって馬術は、自身とオリンピックをつなぐスポーツでもあったのだ。元御用掛の加藤真一《まさかず》も陸軍から派遣されて、パリ大会を観戦している（高嶋航『軍隊とスポーツの近代』）。

馬術と理想の君主像

宮内大臣の牧野伸顕《まきののぶあき》が、「殿下御馬術近年非常の御進歩にて著しき御熟練なり。一同頗《すこぶ》る敬服」と日記に書いたのは、皇太子裕仁がパリ大会の馬術競技法を試みたほんの少し前、四月七日のことだった（『牧野伸顕日記』）。この日、裕仁は陸軍の師団長との食事の後、三〜四名の師団長とともに乗馬を行ったが、この時の乗馬が師団長らをも驚かせるほどの水準に達していたのだ。牧野は、これが師団長らにとって「貴重なる土産話」になり、この「事実を部下に伝説せば多大の刺撃を与ふべし」と期待を寄せている。

こうして裕仁は、陸軍の頂点に立つ大元帥にとって必要とされる馬術の技術を修得し、天皇の代行として陸軍始《りくぐんはじめ》観兵式《かんぺいしき》や天長節観兵式などで、さっそうと馬に乗り、次代の大元帥の姿を人々に印象づけていった。

また、先にもふれたように、裕仁は関東大震災の直後に二度にわたり、乗馬で被災地を巡視した。「焼野原と化した凄惨な光景を御展望、暫《しば》し黙然として御言葉もなく」、「まだ消えぬ異臭とそこ、かしこに散乱して居る白骨を御覧ぜられ、当時を偲ばせ給ふてか、眉をひそめて御涙さへ浮かべられ」、また「奉迎の群なす罹災民に御慈愛の御会釈」をくり返し、さらに秋に予定されていた自身の結婚式を延期した皇太子の姿は、「皇統を嗣《つ》ぐべき皇子として、あな畏《かしこ》き極みではないか」などと絶賛された（大川三郎「震災時の摂政宮殿下」『婦人画報』一九二三年一一月号）。

被災地を乗馬で視察する裕仁の姿が、国民への慈愛に満ちた理想的な君主として受けとめられていくのである。

夫婦でゴルフ

次にゴルフについてみてみよう。皇太子裕仁のゴルフの指南役をつとめた大谷光明《おおたにこうみよう》は、「コースにお成り遊ばすことは少いにも拘らず極めて御上達が早く」、わが国の皇族の中では朝香宮《あさかのみや》とともに「一等お上手」であると評している

（「ゴルフを通じて拝した偉大な御人格」『アサヒスポーツ』一九二二年四月一五日号）。

裕仁のゴルフコースでのプレー回数は、行啓《ぎょうけい》（外出）として記録されているだけで、一九二二年が一九回、二三年が一六回、二四年が二九回、二五年が一二回、二六年が一六回で、五年間で計九二回である（岩壁義光「裕仁親王御成行啓年表稿Ⅳ〜Ⅵ」『書陵部紀要』第五九〜六一号、二〇〇七〜二〇〇九年）。そのうち八七回は、日曜日か避暑中に実施されたもので、また、新宿御苑でのプレーが最も多く、六五回を数える。一九二四年が二九回とプレー回数が一番多いが、そのうち二七回が妻、良子《ながこ》妃と一緒であった。

久邇宮邦彦《くにのみやくによし》の長女である良子との婚約発表は、一九一九年六月、裕仁の御学問所六年時になされていたが、その後、久邇宮の家系に色覚異常があることを理由に山県有朋ら元老が反対を唱えた「宮中某重大事件」、そして関東大震災によって大幅に遅れて、一九二四年一月に婚儀が挙げられた。裕仁は二二歳、良子は二〇歳になっていた。新居は赤坂離宮。裕仁は、結婚を機に髭を蓄えるようになり、良子を「良宮《ながみや》」と呼んだ（高橋紘『人間昭和天皇』上）。

良子の初のゴルフは、結婚から約一カ月後の三月二日。『実録』によると、この日の午前中、新宿御苑のゴルフコースで、大谷光明と西園寺八郎御用掛から説明を受け、午後にはさっそく裕仁や雍仁、元御学友などと一緒にプレーをしている。その後は、平日のゴルフ練習でも、良子が同伴することが多かったようだ。甘露寺はいう。赤坂離宮の「右手に美しい曲線を持つ芝が西のほうへひろがり、形のよいマツがその上に影をおとしていた。このお庭を、明治・大正時代は広芝と呼んでいた」が、「この広芝を、両殿下はいつもごいっしょにご散歩になり、また、ここにゴルフ場をつくって一日おきに午後の時間をお楽しみになった。他の隔日には、ご乗馬をされた。殿下は、運動はあまりお好みにならないので、私はまず妃殿下をお引きだしもうしあげた。すると、殿下もごいっしょに、とてもおむつまじく、ご運動なさった。将を射んとせば……というひとつの謀略であったことを、殿下はごぞんじだったであろうか。いまになって白状するしだいである」（『天皇さま』）。

裕仁にとって、馬術の練習は、武官の指導の下での軍務あるいは競技という色彩が強かったのに対し、ゴルフの場合は、良子妃や弟たち、元御学友や側近等との団らんの機会でもあり、なごやかな雰囲気の中で行われたのだ。

赤坂離宮のゴルフ場

甘露寺がいう「ゴルフ場」が赤坂離宮につくられたのはいつだろうか？　一九二五年六月二五日の『実録』に、皇太子裕仁が「赤坂離宮内に新設のゴルフ場において、ゴルフ練習をされる」とあるので、このころに完成をみたのだろう。新聞報道によると、「政務御親裁の為め深夜起床遊ばされる事すらある」ほど「摂政殿下には毎週忙しい六日間をお過ごし」になり、日曜ごとに皇太子妃とともに新宿御苑に出かけ、侍従や女官たち相手にゴルフをするのを「何よりの楽しみとされてゐる」が、新宿御苑までの往復での「警衛」、「一般交通に不便」をかけることに「御心を労せられる」ので、東宮職で協議した結果、青山御所に近い庭の一部にゴルフ場を新設することになったという（読売一九二五・四・一四）。完成した赤坂離宮のゴルフ場は、約一万坪の広さで六つのコースがあり、休憩所も設けられた（同七・二九）。

　では、赤坂離宮のゴルフ場の完成が、平日の御運動に変化を呼び起こし、甘露寺がいう「乗馬とゴルフを隔日」で行うようになったということだろうか。この時期、赤坂離宮などの皇居内のゴルフ場で行われた平日の練習やプレーについては、『実録』や奈良武官長の日記などにも記載がないので、この点を検証することができない。一九二六年前後からゴルフの実施頻度が上がり「隔日でゴルフ」となっていったというのが私の推測であるが、この点については、テニスの実施状況と合わせて考えてみることにしたい。

テニス

　皇太子裕仁と良子の結婚から四カ月後、新居の赤坂離宮につくられた専用のテニスコートが完成し、熊谷一彌《くまがいいちや》選手らを招いて台覧《たいらん》試合が行われた。そして熊谷選手らの妙技を観戦した後、裕仁夫妻は新設のコートで、「純白のユニフォーム」を着て、雍仁と梨本宮規子《なしもとのみやのりこ》ペアを相手にミックス・ダブルスの試合を行った（東京日日一九二四・五・五）。赤坂離宮のゴルフ場が完成するその一年前に、裕仁夫妻のためのテニスコートがつくられていたのだ。

裕仁による台覧試合はその後もつづき、翌二五年四月には、熊谷対ハワード・キンゼイなど計四試合の日米対抗戦が（実録四・一〇）、二六年一〇月には、熊谷やこの年デビスカップで善戦した原田武一《たけいち》らによる三試合が（同一〇・一三）、いずれも新宿御苑で行われている。ちなみに熊谷選手は、当時学習院の庭球部も指導しており、二四年一一月の第一回明治神宮競技大会のジュニア＝ダブルスでは、中等科の選手が優勝を果たしている（『学習院百年史』第一編）。

テニスコートが赤坂離宮にも新設され、また、世界のトップレベルの選手たちのプレーを毎年間近で観るという恵まれた環境のもとで、皇太子裕仁はどれほどテニスを行ったのだろうか。

『実録』に記録されている裕仁のテニスは、一九二二年が一五回、二三年が一二回、二四年が一六回、二五年が六回で、四年間で計四九回、そして二六年以降はゼロである。ごく限られた記録ではあるが、一九二四年については、一六回のうち少なくとも一一回は、良子妃と一緒にプレーしており、この年はゴルフだけでなくテニスでも夫婦同伴が多かったことがわかる。

良子のテニスについては、結婚前、自宅のテニスコートで、赤い麦藁帽にセーラー軍服

図15　赤坂離宮で夫婦でペアを組んでテニスをする　1924年（毎日新聞社提供）

に似た軽快な服を着てラケットを握り、機会を狙って「随分強い球」を打ったなどと『東京日日新聞』で報じられており（伊藤之雄『昭和天皇と立憲君主制の崩壊』名古屋大学出版会、二〇〇五年）、結婚直後にも、『野球界』一九二四年三月号に掲載された二荒芳徳《ふたらよしのり》侍従の談話の中で、「テニスに堪能にわたらせられ、この方は熊谷選手が御教授申上げてをる」と紹介されている。良子の兄、久邇宮朝融《くにのみやあさあきら》はテニス愛好家として有名で、女子庭球選手権大会にみずからが考案した優勝カップを下賜《かし》するなど、女子テニスの振興にも熱心だった（拙稿「スポーツと天皇制の脈絡」)。良子もそんな兄の影響を受けていたのだろう。

『実録』にある一九二二〜二五年の計四九回の記録のうち、三〇回が平日のテニスについてのものである。その最後が二五年九月で、少なくともこの頃までは、平日の午後にテニスが行われていたことがわかる。しかし、それ以降、とくに『実録』での記録がゼロとなる二六年以降は、テニスがほとんど行われなくなり、「乗馬とゴルフを隔日に」というパターンに変化していったのではないだろうか。

さまざまなスポーツ経験

スケートとスキー

皇太子裕仁の弟、雍仁《やすひと》は、陸軍中央幼年学校を卒業後、陸軍士官学校に入学した。陸軍士官学校でも雍仁の入学とともにスポーツが奨励されるようになるが、雍仁は在学中にスポーツをあまりやることができず、生徒たちと野球の試合などを楽しむ程度であったという。肺の異常音が消えず、激しい運動を禁じられていたためである（高嶋航『軍隊とスポーツの近代』）。一九二二年六月に成人となり、秩父宮を名乗るようになった雍仁は、その翌月に陸軍士官学校を卒業し、見習士官として配属された歩兵第三連隊まで、皇居から毎日徒歩で通うようになる。雍仁が「山や波や海や野に縦横に馳駆」する「若々しいスポーツ姿」を人々に印象づけていったのは、このころからである（柳澤健編『御殿場清話』世界の日本社、一九四八年）。

図16　左から皇太子裕仁，崇仁，宣仁，雍仁．1921年９月５日，日光田母沢御用邸にて（聖徳奉賛会編『聖上御盛徳録』1931年より）

一九二三年の元旦。雍仁は、当時海軍兵学校に在学中であった弟の宣仁《のぶひと》とともに、赤坂離宮の御庭池でスケートを試みた（『雍仁親王実紀』）。その後、宣仁は、七日まで、毎朝二時間ほどスケートを楽しんだが、五日からは西園寺八郎式部次長やその子どもたち、雍仁が入隊している第三連隊の将校なども合流した（高松宮宣仁親王『高松宮日記』第一巻、中央公論社、一九九六年）。

一方、雍仁は六日に、西園寺八郎、二荒芳徳、土屋正直などとともにスキーのため夜行列車に乗り、新潟県の赤倉に向かった。雍仁は、その翌月にも山形県の五色温泉で、同年一二月には宣仁とともにふたたび赤倉でスキーを行っている（『雍仁親王実紀』）。学生や一般のスキーヤーたちに混じってゲレンデを自由に滑走する雍仁と宣仁の姿を『アサヒスポーツ』一九二四年一月一五日号は、「赤倉のスキー場は真にあらゆる階級を超越した一大楽園の観があつた」と評している。ちなみに雍仁と宣仁の最初のスキー旅行は、一九二二年一二月で、この時も夜行列車だったが、上野駅を出発する際の二人の写真が新聞に掲載されている（東京日日一九二二・一二・二九）。裕仁の皇居の外でのスキーが、たった一度だけであったのとはまさに対照的だ。

一九二三年の正月のスケートに話を戻そう。当時七歳だった一番下の弟、崇仁《たかひと》はこのスケートには参加しなかったようだが、ここにも皇太子裕仁の姿は見当たらない。この時、裕仁は年末から麻疹に罹り、床に伏しており（実録一九二二・一二・一三―一九二三・一・二二）、スケートどころではなかったので当然ではあるが、たとえ健康であったとしてもスケートをしたとは思えない。スケートについては、先にも述べたように転倒時の脳への打撃などを考慮して皇位継承者には不向きのものとして扱われた可能性が高く、また、一月八日には大正天皇の名代として陸軍始観兵式に臨場しなければならない身であり、万全を期す必要があったからだ。ちなみにその最初の機会となったのが、一九二一年の陸軍始観兵式であったが、『高松宮日記』によると、裕仁は臨場はしたものの、風邪気味であっ

図17　富士山の砂走り道を駆け下る皇太子裕仁（左）
1923年７月27日（朝日新聞社提供）

たため朝のうちに帰宅している。その翌年は名代としてのつとめを無事果たすが（実録一九二二・一・八）、二三年は先に述べたように麻疹のため欠席という不安定ぶりだった。

登山　スポーツマンとしての皇太子裕仁の姿を人々に印象づけた出来事として、忘れてはならないのが、一九二三年七月二七日の富士登山である（同七・二七）。この日、裕仁は、白のヘルメット帽をかぶり、運動靴に巻脚絆《まききゃはん》の「凛々しいお姿」で、乗馬で八合目まで行き、そこから先は金剛杖を片手に徒歩で富士山頂を極め、帰りは、七合目から二合目まで砂走り道を駆け下り、そこから先はふたたび乗馬に切り替えた。この登山には、新聞社の写真班や活動写真班も同行し、この日の裕仁の姿や「一青年紳士としての御快活さと溢る、御慈悲の数々」がメディアを通して人々に伝えられた。

一方、北アルプスめざして出発した弟の秩父宮雍仁も、裕仁が富士山を踏破した前日、日本のマッターホルンと呼ばれている槍ヶ岳を登攀《とうはん》した。シャツ一枚でリュックサックを背負い、アルペン・ストックを小脇にはさみ、「終始先頭に立」って日本アルプスを縦走する雍仁の姿も、連日新聞で報道された。兄弟そろって、日本の最高峰富士、そして日本アルプスをほぼ同時に踏破したのである（以上、拙稿「スポーツと天皇制の脈絡」）。

雍仁が大阪で開催された第六回極東選手権大会の総裁をつとめたことは先に述べたが、それはアルプス縦走《じゅうそう》の一ヵ月前のことだった。こうして「我が国の皇族中最も雄偉な体格の御所有者であり、又優秀なスポーツマンであらせられる秩父宮雍仁親王殿下」が、裕仁の義兄である久邇宮朝融らとともに、「スポーツの宮様」として脚光を浴びるようになっていくのである（『アサヒスポーツ』一九二三年四月一日号）。

ホッケー

一九二四年三月三〇日、皇太子裕仁は、雍仁とともにホッケーの試合に出場した。これは、陸軍戸山学校でホッケーの試合を二人が観戦した直後に、その要望を受けて御用掛の加藤真一が企画したもので、裕仁が主将、雍仁が副主将をつとめ、甘露寺や戸田などの侍従や御用掛、主事、武官らで急造のチームを編成した。裕仁のポジションは、フォワードのセンターで、雍仁はフォワードのライトインサイド。相手チームは、陸軍戸山学校の若い将校たちだった。場所は、東宮御所の広芝。審判は加藤である。

裕仁は、御学問所時代に加藤からホッケーの基本的な技術について指導を受けていたが、御学友の人数が少なかったため、試合の経験はなかった。『実録』には、試合の一週間前、二人が加藤の指導によってホッケーを練習したとある。ぶっつけ本番ではなかったのだ。

試合中、雍仁は、「甘露寺、球をこちらへ送れ」「戸田もっと走れ」などと指示を出し、「殿下、是れ以上走ったら心臓が破裂します」という戸田の返答が爆笑を呼んだ。「勝敗は別として、何となく御気品高く、心から御愉快に喜んで遊ばしました」。加藤のコメントである（以上、加藤真一「ホッケーを被遊」『雍仁親王御事跡資料』一）。ちなみにこの時加藤は、大日本ホッケー協会の会長代理をつとめており、陸軍戸山学校チームは、当時の日本最強チームであった（『軍隊とスポーツの近代』）。

野　球

皇太子裕仁は、幼少時より正式なルールにもとづく野球の試合をやったことがない。それは摂政就任以降も変わらなかったようだ。野球についての記録は、一九二三年八月一五日・一六日の『実録』に、日光の東京帝大附属植物園で、七歳になった弟、崇仁と野球をやったとあるだけである。おそらくキャッチボールをやったのだろう。

この当時、野球はすでに学校の枠を超えて普及しており、官庁や会社、工場などでもチームがつぎつぎと設立され、日本に輸入された西洋スポーツのなかで最も大衆的なものとなっていた。宮内省も例外ではない。

宮内省にも、当時職員チームが四〇～五〇できていたが、胸に「C」のマークがついたユニホームが雍仁のチーム、「AS」は崇仁のチームであった。Cは秩父宮、ASは青山と澄宮《すみのみや》の頭文字からとったものだ。メディアに頻繁に取り上げられたのが、崇仁のASクラブであり、関東大震災の衝撃が少し和らいできた一九二四年の春ごろより、「キャプテン・殿下澄宮様の野球熱」が報じられるようになる（拙書『権力装置としてのスポーツ』）。

他方、雍仁のチームもなかなかの強豪で、一九二三年の七月一三日と八月四日には、雍仁みずからがユニホームを着て試合を行っている。後者はチームにとって初の対外試合、外務省職員チームとの一戦であったが、雍仁のことは相手チームのキャプテン以外には伝えず、偽名を使って二塁手として出場した。翌朝に雍仁の出場をスクープした新聞もあったものの、宮内省内で特段問題にはならなかったという。雍仁の試合出場が外部に漏れ、問題化することを宮内省が危惧していたという点には留意が必要であろう。

雍仁のチームメンバーの一人、清水重郎によると、当時宮内省には宣仁の野球チームや「オール宮内省」という「当時の一流チーム」もあったという（以上、清水重郎「スポーツマンとしての一齣」『雍仁親王御事跡資料』二）。後者は、早稲田の野球部ＯＢを主力とし、一九二四年以降、丸の内野球選手権などで活躍した「宮内省野球班」のことだろう（桑原稲敏『天皇の野球チーム』徳間書店、一九八八年）。こうした宮内省内の野球熱の高まり、そして弟三人がみな野球チームをもち、それらが盛んに試合をくり広げていた中で、ただ一人、裕仁だけはチームをもたなかったことになる。なぜか？

理由は簡単だ。一九一七年にゴルフを採用した際の西園寺八郎の説明にあったように、野球が危険だからである。裕仁にとっての初の野球観戦は、一九二二年一二月、当時二年連続で全国中等学校野球大会で優勝していた和歌山中学野球部の現役対ＯＢの一戦だったが、この時裕仁は、ボールの飛来に備えて、周りに支柱を立てネットを張り巡らせた三塁側の座席で観戦した（和中・桐蔭野球部ＯＢ会百周年実行委員会『和歌山中学・桐蔭高校野球百年史』、一九九七年）。同様の座席は、翌二三年八月に早稲田大学野球部の練習や紅白戦を観戦した際にも設けられた（『天皇の野球チーム』）。裕仁の安全確保のために張り巡らされたネット。それは、野球が裕仁にとっていかに危険なものととらえられていたかを象徴するものであるといっていいだろう。

国粋主義者や右翼からの攻撃

国粋主義と武士道の鼓吹⁉

「東宮殿下が弓のお稽古」――こんな見出しの下で、一九二四年六月二一日の『読売新聞』は、「従来、摂政殿下の御運動は御乗馬にテニス、ゴルフ等大体に於て洋式の御運動にのみ限られて居たが、国粋主義と武士道を鼓吹せらるべき思召《おぼしめ》しから、御日常の御運動の一つとして、大弓《だいきゆう》の御練習を加へさせられる事になり、近く赤坂東宮仮御所内に大弓場《だいきゆうじよう》を設くる事になつた」と報じた。従来の御運動は大体が西洋スポーツに限定されていたが、「国粋主義と武士道を鼓吹」するという皇太子裕仁の考えによって弓を練習することになったというのだ。これは、西洋スポーツを愛好する裕仁というイメージを覆すものである。

この報道にある大弓場が設立された形跡も、その後裕仁が弓の練習を定期的に行ったという事実も確認できないので、このニュースは宮内省の公式見解ではなく、側近の誰かが記者にリークしたものであった可能性が高い。ここで注目したいのは、たとえそれが側近の個人的な願望であったとしても、裕仁が従来のような西洋スポーツ一辺倒ではなく、日本の伝統的な武道を推奨し、「国粋主義と武士道を鼓吹」しているという新たなイメージを発信しようとしたことだ。なぜこの時期にこのような裕仁の姿がアピールされたのだろうか?

その背景としてここでは、皇室の絶対的な威厳を保持しようとする国粋主義者や右翼の台頭に注目することにしたい。

台頭する国粋主義者や右翼

たとえばこの記事が出た一九二四年の一月には、右翼結社「国本社《こくほんしゃ》」が設立され、八万人を擁する全国組織へと成長を遂げていく。これは、虎ノ門事件に衝撃を受けた当時の司法大臣平沼騏一郎《きいちろう》が、「国民精神」の涵養や「国体の精華」の顕揚をめざして設立したものである。

虎ノ門事件とは、一二三年一二月、帝国議会の開院式に向かう皇太子裕仁の自動車が、虎ノ門付近で無政府主義者難波大助《なんばだいすけ》にステッキ銃で狙撃された事件で、弾丸は車の窓を射抜き、飛び散ったガラスの破片で入江為守《いりえためもり》東宮侍従長が顔に負傷した。暗殺の標的となった裕仁は無事で、予定どおり開院式に出席した後皇居に戻り、午後には雍仁・宣仁とともにテニスを行ったが（実録一二・二七）、この事件が与えた衝撃は大きく、責任をとって即日、内閣が総辞職した。

この時期の右翼の中には、宮中を公然と攻撃する者もあった。たとえば北一輝である。攻撃の対象は、宮中の高官で、宮内大臣の牧野伸顕や宮内次官の関屋貞三郎《せきやていざぶろう》らが政権と結託して賄賂を受け取っているなどとする怪文書を配付して烈しく攻撃した。

他方、終戦時の昭和天皇の玉音放送の原案を添削したことで有名な安岡正篤《やすおかまさひろ》は、一九二一年ごろに皇居旧本丸内に社会教育研究所を設立し、その翌年には大川周明《しゅうめい》も加わり、デモクラシーの風潮に対抗して、伝統的日本主義を地方の青年に浸透させるべく活動を展開した（以上、粟屋憲太郎「改元前後の政局と天皇・宮中」、高橋紘他編『昭和初期の天皇と宮中』第一巻、岩波書店、一九九三年）。

注目すべきは、安岡と大川が、このころ北一輝から烈しく攻撃されていた宮内大臣牧野を訪問し、二時間にわたって時事について談話を交わしていることである。一九一四年七月一〇日のことだ。牧野がその日の日記に、現在において「此等諸氏程真面目《ほど》なる有志を視ず。慥《まこと》に信頼すべき人々と信ず」と書いていることから、牧野が両人に厚い信頼を寄せていたことがわかる（『牧野伸顕日記』）。社会教育研究所（のちに大学寮に改称）、二五年に宮内省により取り払われる）は、そうした信頼関係を象徴するものであり、同研究所には牧野も出入りし、安岡らの活動を激励していた（粟屋憲太郎「改元前後の政局と天皇・宮中」）。

御運動記事への憂慮

さて、安岡と大川の訪問から三日後、牧野は訪れた東宮大夫の珍田捨巳《ちんだすてみ》といくつかの案件について議論を交わしたが、そのひとつが安岡らが憂慮している「御運動等の記事」についてであった。「数日前大川、安岡等の憂慮せる御運動等の記事、頻《しきり》に紙上に顕はる丶事の悪影響に付、切なる陳述の次第を語り、今後出来る丈《だ》け東宮御所に関する新聞記事に注意すべき事を協議せり」（『牧野伸顕日記』）。安岡らの意見をふまえて、新聞で頻繁に報道されている「御運動等の記事」がもたらす悪影響を阻止するための方法について牧野と珍田のあいだで協議がなされたのである。

安岡らが憂慮し、宮内大臣牧野らを動かすことになった「御運動等の記事」とは何か。たとえば同年六月二日の『東京日日新聞』夕刊は、皇太子裕仁夫妻が前日の饗宴の疲れも見せず、午前一〇時二〇分にそれぞれ背広と洋服で新宿御苑に出かけ、運動着に着替えて、「お好み」のゴルフあるいはテニスを楽しみ、四時半に赤坂離宮に帰ったと報じている。当時頻繁に新聞に出た御運動関係の記事の典型的なものといっていいだろう。この記事の何が問題なのか。おそらく安岡らの目には、夫婦同伴であること、二人が西洋のスポーツを行っていること、そしてそれらを新聞が賞賛していることが問題と映ったのではないだろうか。

安岡らの考えを知るために、まずは安岡自身が同年三月に著わした『日本精神の研究』（玄黄社）をみてみよう。そこに収められた「剣道の人格主義」と「二天宮本武蔵の剣道と心法」と題する文章の中で安岡は、武士によって作り上げられた剣道は、他の国にはない「荘厳無比なる芸道」であり、剣道をみずからの人格を鍛え上げる修養の方法であるとし、「一種の運動競技」や「止むを得ぬ生活手段から出た単なる技術」のように剣道をとらえるのは「あさましい考」であると批判する。

宮本武蔵を賞賛するのも、武蔵が剣術を通じて「真に独立自由の荘厳なる人格を鍛へ上げた」からであり、その生涯について考え、「彼の工夫、行道《ぎょうどう》を尋ねることは、現代の頽廃せる人々をも断じて向上せしめずには舎《お》かないであらう。現代は余りに遊戯が流行してゐる。魂をこめた自己の磨練《まれん》がない。禍であると思ふ」と述べている。武蔵の剣術修業との比較で批判の対象とされている「遊戯」とは、おそらく西洋スポーツを指しており、自己鍛錬の欠如した西洋スポーツの流行を安岡は、日本社会の頽廃とみなしたのだ。

ちなみに吉川英治の小説『宮本武蔵』は、安岡が描いた武蔵像を元にし、吉川が安岡と交流を図りながら書き上げたものである。一方、大川周明も『日本精神研究』で宮本武蔵を礼賛したが、その場合も安岡と同じく、武蔵の精神性、すなわち「人格」への評価であった（小島毅『近代日本の陽明学』講談社、二〇〇六年）。

右翼団体のひとつ、黒龍会の主幹、内田良平の主張も合わせてみておこう。

西洋スポーツへの批判

内田は、「国体の精華と国魂《くにだましい》の正気《せいき》との基礎が、一に武道に在ることを明らかにし、頽敗《たいはい》せる今日の国民精神を振作《しんさく》し、併《あわ》せて永く武道の研鑽に資せんが為め」に『武道極意』（黒龍会出版部、一九二五年）を出版した。内田はその中で、武道が忘れ去られ、「徒《いたずら》に彼のベースボールやテニスの如き欧米の運動法を歓迎して、天下の新聞が之を鼓吹する。政府が国費を投じて外国迄失敗の恥晒《はじさら》し」に行かせているという状況を痛烈に批判した。西洋スポーツに人々が熱中し、それを新聞が煽っていること、また、オリンピックや極東選手権大会への選手派遣のために政府が補助金を出すようになったことなどは、内田にとっては許しがたいことであったのだ。そんな内田にとって、皇太子裕仁の「御運動の記事」はまさにその典型といってよかろう。しかもそこでは裕仁が西洋スポーツ奨励の先導役を演じているのである。

実は、皇太子裕仁のゴルフに対する批判は早くから上がっており、側近たちの耳に届いていた。たとえば、御学問所で倫理を担当した杉浦重剛《しげたけ》は、「東宮殿下がゴルフをなすったり、活動映画を御覧になつたりするので、方々から御《お》叱言《しかりごと》を頂戴《ちょうだい》する。これからよいにつけ悪いにつけ一生世間から責められるね」と周囲に語っている（猪狩史山他『天台道士語録』政教社、一九二五年）。杉浦のこの発言は、裕仁が摂政に就任した直後、一九二一年一一月一〇日になされたものであるが、大正天皇の侍従武官、四竈孝輔《しかまこうすけ》もその前日の日記に、「此日摂政宮殿下には郊外に出でさせ給ひ、終日ゴルフの御運動遊ばせ給ふ。今上陛下御時代と余《よ》程《ほど》其の趣きを異にせらるるも、或は御保健上然るべきことならん乎」と書いている（『侍従武官日記』）。この日、裕仁は駒場の東京ゴルフ倶楽部で終日ゴルフを行ったが、四竈の目には、それが大正天皇の御運動と大きく異なっているだけでなく、健康のためという理由ではとても正当化できない行動と映ったのだろう。

激減する御運動記事

では、「御運動の記事」がもたらす悪影響を阻止するために牧野や珍田らは、どのような対策を講じたのだろうか。その後の彼らの行動は不明だが、一九二四年八月以降、皇太子裕仁の御運動に関する新聞記事が激減していることが確認できる。側近たちがメディアに発信する内容に制限をかけ、また、記者の取材に対する制限を強化したためだろう。

たとえば、一九二四年八月〜二六年一二月までの『東京朝日新聞』と『読売新聞』の報道を追ってみると次のような実態が浮かび上がってくる。

『東京朝日新聞』の場合は、裕仁の「御運動」の記事が激減し、政務多忙のため「好きな御乗馬も御廃し」（一九二四・一二・二四）というように、政務を優先する姿が強調されるようになる。テニスは、キンゼー兄弟と熊谷選手らによる日米対抗戦などの台覧試合に関する記事のみである（一九二五・四・一〇等）。ゴルフに関する記事は二件で、ひとつは、先にみた赤坂離宮のゴルフ場新設に関するもの（一九二五・七・二九）。もうひとつは、日本滞在中に裕仁にゴルフを教えた英国人ゴルファーの帰国に関する記事である（一九二六・八・二八）。

『読売新聞』では、裕仁のゴルフに関する記事が六件みられるが、うち一件は、先にみた赤坂離宮のゴルフ場新設に関するもの（一九二五・七・二九）、二件は、長女の成子《しげこ》の成育ぶりに焦点を当てたもの（一九二六・八・一五／一〇・三）、あとの三件は、新宿御苑でのゴルフの報告または予告記事で、いずれも七〜一一行と短く、「政務御多端」「御多忙」ぶりが強調されている（一九二五・六・七／一九二六・一・一二／一〇・二五）。テニスについては、新宿御苑で「テニス、ゴルフの御運動」の予定を報じた一件だけだ（一九二五・三・一）。

ふり返ってみると、西洋スポーツに勤しむ裕仁の姿が、メディアによって大きくアピールされたのは、外遊から帰国してから一九二四年の半ばまでの、わずか二年半というきわめて限定された期間だったということになる。

なお、『東京日日新聞』については、報道の全貌はわからないが、同紙の記事を詳細に

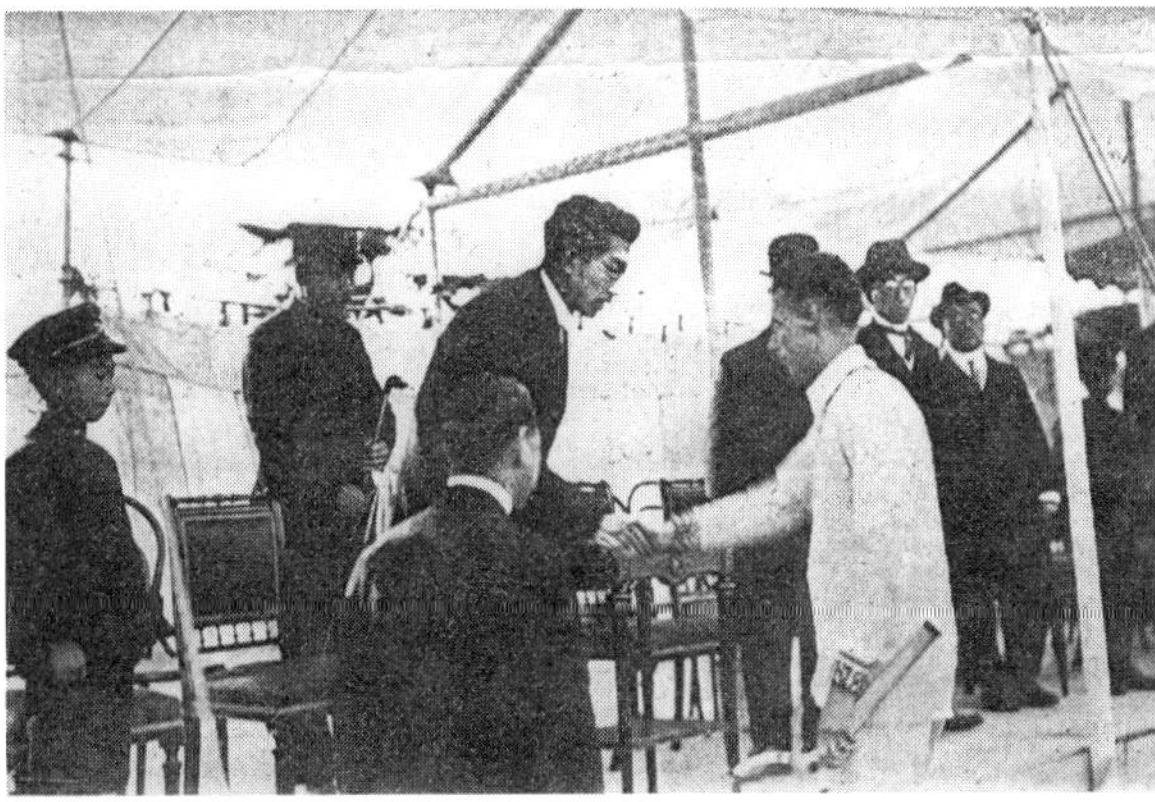

図18　テニスの台覧試合の後にスノッドグラス選手と握手
1925年4月10日（『運動界』1925年5月号より）

図19　猪苗代滞在中，馬車で鳥狩原のゴルフ場に向かう
皇太子夫妻　1924年8月（毎日新聞社提供）

分析した伊藤之雄の研究を見る限り、上記二紙と傾向は変わらないようだ（『昭和天皇と立憲君主制の崩壊』）。一九二四年八月九日の夕刊が、猪苗代に滞在中の皇太子夫妻が鳥狩原のゴルフ場に馬車で向かう姿（図19）を写真つきで報じていることが目を引くが、これはおそらく牧野らが新聞報道の対策にふみ出す直前の、規制がかかっていない時期のものであろう。

スポーツの擁護

心身の健康のため

側近たちは、新聞報道に対する規制といった消極的な対応にのみ終始していたわけではない。皇太子裕仁の御運動を擁護するための積極的な取り組みもなされた。

たとえば、一九二五年四月に出版された山本信次郎『摂政宮殿下の御日常を拝して』である。御学問所以来、裕仁のフランス語を担当してきた山本は、同書の冒頭で、「今日世界は到る処に於て、無政府主義、共産主義、社会主義の如き、過激思想に脅かされて居り、不幸我帝国も亦《また》、その影響を痛切に受けつゝあります」と述べ、その実例として虎ノ門事件と共産党の設立をあげる。そして、このような事件が起きたのは、皇太子に対する誤解が原因であるとし、誤解を正し、真の姿を広く知らしめる必要があると宣言する。これが山本をして同書の執筆に向かわせた動機に他ならない。では、山本は皇太子の御運動についてどのような誤解があり、それをどのように正したのか。

まず乗馬については、御運動の中で最も熱心で、毎週月・火・金の午後に必ず一時間ほど練習しているが、これは大正天皇の名代として陸軍を統帥する際に必要であり、特別大演習や観兵式で「堂々たる御乗馬振り」をみせているとし、軍務上の必要性を強調する。

次に乗馬以外のスポーツについてであるが、山本は、日曜日に夫婦で新宿御苑にゴルフに出かけ、平日の午後も乗馬をしない時にはテニスをし、雪が降ると庭でスキー、夏には葉山で水泳をするが、水泳は頗《すこぶ》る堪能である、と裕仁の御運動の全貌を紹介した上で、これらのスポーツについて、「健全なる精神は、健全なる身体に宿るといふことでありましたならば―これは確かに一面の真理があります―我々国民は、殊《こと》に殿下の体育に関する御配慮に感激せなければなりませぬ」と、主に心身の健康という観点からその価値を主張する。

なぜ撃剣・柔道をやらないのか

つづけて山本は、最近ややもすると、「日本の撃剣とか、柔道とかを遊ばさずに、殿下が西洋の運動のみを遊ばすのは、具合の悪いことだと言はれる方がある」とし、それへの反論を試みる。

此事について嘗《かつ》て考へた事がありますが、要するに、此注文は無理であるといふことに帰着しました。実際に於て　殿下が撃剣とか柔道とか、おやりになるといふ事になりますと、其お相手をするものが、御遠慮など申上げることは、決してあるべき筈《はず》ではありませぬから、一寸具合が悪くなるのであります。……例へば殿下が、撃剣をおやりになるとする。お相手をする方では、真剣になつて撃つてかゝります。自然頭や、御胴、御腕などを打つことになるのですが、今日摂政殿下に対し奉り、いくら御運動のお相手の為とは言へ、さういふことは、臣下として到底忍び難いことゝ信ずるのであります。又柔道にしても、摂政殿下を床の上に、押へ込むといふ様なことは出来ませぬから、矢張《やはり》事実に於て、他の御運動を御勧めする様になるのは、止むを得ないと思ふのであります。

撃剣や柔道に問題があるわけではない。問題は、対戦相手が皇太子裕仁を打ったり、押さえ込んだりすることができないことである。共通のルールの下で、社会的地位や身分などに関係なく、対等に競い合うことができるというのが近代スポーツであるが、撃剣や柔道ではそれが成り立たない。裕仁と臣下の間のヒエラルヒーを消し去ることができないからだ。

ゴルフとテニス

山本の反論はさらにつづく。「水泳、馬術の如き、決して西洋許《ばか》りの運動ではなく、テニス、ゴルフの如きも亦《また》、今日に於ては、唯に夷狄《いてき》視しなくても良いものとなつたのであります」。夷狄というのは、野蛮な異民族という意味であり、外国のものを卑しめる表現として使われる。つまり、皇太子裕仁は、西洋スポーツ一辺倒ではなく、水泳（日本泳法）や馬術という日本の伝統的な武芸も行っており、外来文化であるテニスやゴルフも、今ではその価値が認められているので問題ないというのである。

山本自身による説明はないが、ゴルフについては、英国皇太子とのゴルフマッチなどによって、他国の王族らと交流の場で発揮される社交上の価値などが明確となっていたといっていいだろう。テニスはどうか。これまで見てきたように当時の日本は、オリンピックなどの国際大会で活躍する世界トップレベルの選手を擁していた。「今日此の技に於てだけは堂々世界の檜舞台で我が選手が世界の大選手を向ふに廻して覇を争ひ得る迄に進歩して居る」という横須賀海兵団の修業記念アルバムの記述（高嶋航『軍隊とスポーツの近代』）は、テニスが「夷狄視」されるどころか、日本が自慢すべきものとなっていたことを物語っている。テニスは、「世界の五大国の一つ」などと称されるようになった日本人の自尊心を満たすものとなっていたのである。

精神修養

さらに皇太子裕仁の場合は、精神修養としてスポーツを実施していると山本はいう。いつも「正々堂々」と競技を行い、「誤魔化して勝たうとか、良い成績を獲ようとか云ふ様な御態度」がなく、その「スポーツに対する御観念」は、英国人がいう「スポーツで紳士を作る」というのと同じだ。それを裏づけるエピソードとして山本が紹介しているのが、一九二四年の夏、牧野宮内大臣に語ったという次のような発言である。「どうもゴルフといふものは、誠に落付きを作るに良い。あのクラブで球を打つときは、如何しても無心にならなければうまく行かない。テニスは又、敏捷になるために大変良い。頭を敏捷に働かせ、身体を敏活に動かさなければ、良い成績は決して得られないから」。

この皇太子裕仁の発言は、その後、二荒芳徳『聖徳を仰きて』(北星堂書店、一九二八年)などでも紹介されていくが、実際の発言はそれとはやや異なったものであった。『牧野伸顕日記』の一九二四年八月一五日条には、裕仁夫妻との昼食会の席でのやり取りとして、以下のように記されている。

ゴルフは運動として最も適当なり、心を鎮め精神を纏《まと》め、禅に虚無と云ふ言葉ありと聞く、其意味に近きものかと考ふとの御感想承はりたるに付、如何にも御尤《ごもつと》もの事と拝答し、且つ又斯様《かよう》の意味にて遊ばす事は実に結構なりと存上、ゴルフは態度歩調等悠然として之に臨み、気分もあせる等の事なく落附きが第一と存ずるに付、修養の意味にて極はめて適当の運動法と存ずる旨を附言申し上ぐ。斯様なる御感想を承はるは難有事《ありがたきこと》なり。

皇太子裕仁は「無心」ではなく「虚無」という禅の用語を用いているが、両者はほとんど同じ意味であり、ゴルフを精神修養の手段としてとらえている点は、裕仁と牧野の間で一致している。しかし、「落付きを作るに良い」というのは裕仁ではなく牧野の見解であり、また、ここでの話題はあくまでゴルフであり、テニスの価値についてのやり取りはされていない。牧野は、この日の裕仁の発言を山本や二荒などの側近に伝え、それが彼らの著書に掲載されていったと考えられるが、その過程で側近たちの願望が上乗せされ、より都合のいい形に変形していった、ということではないだろうか。

それは、国粋主義者や右翼らによる批判を見据えながら、側近たちによってなされた、裕仁の日課であるゴルフとテニスを擁護するための理論武装であったといえよう。

スポーツの本義は心身の修養にある――これは宮内省の公式見解に他ならない。たとえば一九二二年九月二八日、裕仁の「納采《のうさい》の儀」（結納）の当日、宮内省が、新聞社に対して発表した「皇太子の御近状」には、多忙な中で、「努めて御乗馬等御運動を遊ばさる。殿下には克《よ》く運動の本義を体せられ、単に御身体の健全を期せらるるのみならず、御運動を以て御精神の修養にも資せさせ給ふ」（実録九・二八）と述べられている。

皇太子裕仁自身も、公的な場で同様の主張を行っている。たとえば、一九二一年一〇月の日本漕艇協会第二回競漕大会で読み上げた令旨《りょうじ》は、「体育の本義に依り身神の強健を図らむことを望む」というものであった（実録一九二二・一〇・二三）。

ところで、一九二二年の英国皇太子とのゴルフマッチ以降、裕仁が優勝カップを下賜し始めたことは先にみたとおりだが、それは各種競技大会などでの令旨の読み上げなどとともに裕仁のスポーツ奨励の意思を広くアピールするものであった。それらは、御運動の新聞報道に対する規制が強化され、記事が激減する二四年の夏以降も、つづけられたのだろうか？

六大学野球の優勝カップ

東京六大学野球リーグの優勝カップ。それが、その後、皇太子裕仁が下賜した唯一のものであると考えられることから、優勝カップの下賜についても、御運動の記事と同様に規制がなされるようになったとみていいだろう。

東京六大学リーグに対して優勝カップの下賜が告げられたのは、一九二六年一〇月二三日、明治神宮外苑の野球場の開場式当日であった。明治神宮外苑には、その二年前に四〇〇メートル《メートル》トラックと三万五千人収容の陸上競技場が設立されており、その完成と合わせて、現在の国民体育大会の前身にあたる明治神宮競技大会が、内務省主催で始まっていたが、野球人気の急激な高まりのなかで、野球場が新たに設立されたのである。収容人数は二万九千人（一九三一年には増築されて五万八千人収容）。

この日、皇太子裕仁は、球場開きのメインイベントである六大学選抜選手による紅白戦を二万五千人の大観衆とともに、六大学野球リーグの代表で早稲田大学教授の安部磯雄らの説明を受けながら観戦したが、その途中で宮内官より安部に対して、六大学野球リーグへ優勝カップが下賜されることが告げられ、その目録が渡された（東京朝日一九二六・一〇・二四）。実際のカップ「東宮杯」は、同年一二月に東宮御所で、東宮大夫の珍田より安部に手渡され（同一二・一三）、以後六大学野球の優勝チームに授与されるようになる。

プロ野球が設立されていない当時、最もレベルが高く、また絶大な人気を誇っていたのが六大学野球であり、「東宮杯」の下賜は、皇太子裕仁の野球奨励の意思を鮮明にアピールするものとなった。国粋主義者や右翼にとっては、またもや眉をひそめたくなるような行為だと思われるが、実は大相撲の賜杯の方がそれよりも早く登場しており、また、明治神宮外苑の球場開きに先立って、当日の午前中、裕仁は外苑の相撲場の開場式にも出席し、常の花・西の海による三段構土壌入り、東西幕内力士の揃い踏み、奉納相撲としての勝ち抜き決勝相撲を大観衆とともに観戦している（同一〇・二四、実録一〇・二三）。

それが裕仁や側近たちによる周到な計画であったかどうかはわからないが、野球の奨励が国技とされる相撲の奨励とセットとなったことで、伝統文化の継承と西洋文化の摂取とをバランスよくアピールし、国粋主義者や右翼たちの批判から身を守る防波堤を形成していたとみることもできるのではないだろうか。

大相撲の賜杯

東京六大学野球リーグの優勝カップよりも早く登場し、九〇年以上経った現在でもメディアによって「賜杯《しはい》のゆくえ」が熱く報じられている大相撲についてみてみよう。

こちらの賜杯は、皇太子裕仁から下賜されたものではない。一九二五年四月、裕仁の二四歳の誕生日に開催された台覧相撲の際の御下賜金によって、東京大角力《おおずもう》協会が製作したものである。翌二六年一月に完成した賜杯は、純銀製で高さ一メートル《メー　トル》九センチ《セン　チ》、相撲協会のシンボルである桜花の上に金で菊のご紋をあしらい、その下に「摂政殿下賜杯」の文字が入っていた（東京朝日一九二六・一・一四）。この賜杯は、一月開幕の春場所で、国技館の玉座正面に飾られ、初日にはそれを土俵に運び、横綱や大関らが参列して宣誓式を行い、大いに気勢をあげた。

しかし問題が起きる。この賜杯は、作成にあたって宮内省の許可を得ておらず、また、皇室の紋章である菊の紋の取締規則に違反するとの指摘がなされたのだ（同一・一六）。そのため春場所では、「東宮殿下記念杯」と名称を変え、優勝の常の花に小型カップが授与されたが（同一・二五）、その後、協会は賜杯を造り直す。宮内省が菊のご紋と「摂政殿下」の名を使用することを許さなかったからだ。ただし、「菊の花」を模様にあしらうことと「賜杯」と称することは許可され、こうして賜杯問題が、夏場所一〇日目でようやく決着した（同五・二三）。

国民と皇室の距離を縮めていくという方針を維持しつつも、宮内省は、皇室の尊厳と国家的な威信を傷つける可能性があることに対しては、決して許さず、徹底的に取り締ったのだ。宮内省の方針は、解放と統制のダブルスタンダードであり、大相撲の賜杯問題は、それを象徴するものといっていいだろう。

普通選挙法によって二五歳以上のすべての男子が有権者となると同時に、治安維持法によって「国体の変革」または「私有財産の否認」を目的とする結社を徹底的に取り締まるようになるのはその前年、一九二五年のことだった。解放と統制のダブルスタンダードは、より広く政治システム全体を貫く特徴でもあったのだ。

権威とスポーツとの親和

昭和天皇の誕生

昭和天皇のスポーツ環境

昭和のはじまり

葉山の御用邸で療養していた大正天皇の病状が悪化したのは、一九二六年一二月二五日の未明のことだった。貞明《ていめい》皇后や実母柳原愛子《なるこ》、皇太子裕仁夫妻、高松宮宣仁《のぶひと》などが見守るなか、大正天皇は四七歳でこの世を去った。

裕仁が悲しみに暮れる余裕はない。皇位継承に空白の時間があってはならないからだ。貞明皇后は上座から下がり、裕仁を上座に据えて新天皇に対する敬意をあらわし、その二時間ほど後には、元老や重臣、閣僚らが立ち会うなかで、皇位継承の践祚《せんそ》式が執り行われた（保阪正康『秩父宮』中央公論新社、二〇〇〇年）。陸海軍の大元帥をあらわす軍服に身を包み天皇となった裕仁は、この時二五歳。そしてその八時間後、元号が「昭和」となったことが国民に伝えられる。昭和天皇裕仁が大日本帝国を統治する時代が始まるのである。

大正天皇の死去から一年間は諒闇《りょうあん》中、つまり喪に服すべき期間とされ、天長節（天皇誕生日）以外の宮中行事は行われなかったが（実録一九二七・四・二九）、天長節の場合も恒例の台覧《たいらん》相撲などが中止となった。また、東京・横浜・小倉・札幌などの競馬会に対する銀盃の下賜は、例年どおり行われたが、競馬会への皇族の臨席などが中止となった（同五・一等）。

一九二七年の御運動

諒闇中の昭和天皇裕仁の御運動はどうなったのか。一九二七年の一年間の御運動は、乗馬が八四回で、ゴルフなどそれ以外の御運動が一七八回、合計でなんと二六二回を数える（同一九二七・一二・二九）。侍従たちの御用の分担は、この年、九つに分けられ、御運動掛（御慰を含む）を担当したのは、甘露寺受長《かんろじおさなが》、永積寅彦《ながづみとらひこ》、岡本愛祐《あいすけ》、黒田長敬《ながあつ》の四人であった（同五・二五）。彼ら四人が、「即位の大礼」を翌年に控えた昭和天皇の健康の保持増進のため、相当な力を注いだのだろう。

実は、昭和天皇は践祚の直後、二七年の元日の夜から風邪気味で熱があり、翌日より二八日まで病床に伏した。『実録』によると、病後はじめて馬術をしたのは二月一四日、ゴルフは三月一日である。甘露寺ら侍従たちは、天皇の健康維持の難しさを改めて痛感したのではないだろうか。年間二六二回もの御運動の実施は、そうした侍従たちの決意によるものであったにちがいない。

その内訳だが、乗馬が八四回というのは、乗馬に最も打ち込んだ時期と思われる一九二三〜二四年の六割程度だ。これに対し、ゴルフなど乗馬以外の御運動は一七八回であり、御運動全体の三分の二を占めている。翌二八年の乗馬も七六回と前年とほぼ同じなので（同一九二八・一二・二九）、このころの御運動は、乗馬が三分の一で、ゴルフなどそれ以外のものが三分の二を占めるようになっていたと考えていいだろう。

即位大礼前後

一九二八年一一月一〇日、昭和天皇は、京都で即位の大礼を迎える。この日、首相の田中義一《ぎいち》が高御座《たかみくら》の天皇に向かって万歳を三唱した午後三時を期して、植民地を含む全国各地で国民全体が一斉に「万歳」を叫ぶよう、周知徹底が図られた。また、即位大礼に合わせてラジオによる中継放送網の開設が急ピッチで進められ、その完成によって、天皇が京都を往復する模様も全国に伝えられた（原武史『昭和天皇』）。

即位大礼の前日、『東京日日新聞』に掲載された侍従長珍田捨巳《ちんだすてみ》の「謹話」は、「御運動としては、御乗馬、ゴルフなどに御趣味を有《ゆう》せられ、御水泳にも御熱心であらせられます。いづれもその技に堪能であらせらる、のみならず、従《したが》つてこれによつて御精神の御修養につとめられてゐらせられます」と御運動が精神修養のためになされているという点を改めて強調している。

即位大礼の当日、『東京日日新聞』は乗馬姿の天皇の写真を、『東京朝日新聞』は、皇太子時代の富士登山で、ヘルメット帽に巻脚絆《まききゃはん》姿で砂埃を上げながら砂走り道を駆け下る写真（一五二頁図17）を掲載した。『東京朝日新聞』の「かしこし御聖徳　玉体ますく御すこやかに　天皇陛下の御日常」という見出しの記事には、「陛下には毎日午後は二時頃からおよそ二時間以上御苑で御乗馬とゴルフを隔日に遊ばされるが、御乗馬は非常な御熟練で高等馬術ことに障害飛越などに卓絶した御妙技を発揮遊ばされる」とあるが、この記事は、御運動の内容の変化を知るうえで重要である。即位大礼の時点で、隔日で乗馬とゴルフが実施されるようになっていたことを明確に示しているからだ。

即位大礼時点で、乗馬とゴルフが隔日で実施されていたとなると、先に概括した二七～二八年の御運動は、より正確には、乗馬とゴルフがそれぞれ三分の一で、残りの三分の一がそれ以外のものということになる。御運動の全貌がかなり鮮明になってきた。

新居と運動施設

昭和天皇夫妻は、即位大礼の二カ月前、一九二八年九月に住まいを赤坂離宮から改築が終わった明治宮殿の御常御殿《おつねごてん》に移した。その前年に昭和天皇の侍従となり、御運動掛を担当するようになった元御学友の永積寅彦は、この改築について、「御学問所の二階は畳敷のお部屋でしたが、畳をぜんぶ撤去されて絨毯敷になさった」「陛下の御座所は書棚がご必要なので、片側の壁一面、書棚になさった。御常御殿の一部も洋風になさいました」と述べている（『昭和天皇と私』）。また、生物学御研究所も開設され、研究室内には大小の顕微鏡やプレパラートの保存棚が並んだ。改築計画には「乗馬道」も含まれており、これらを含めた皇居の改築について天皇は、自身がすべて確認したうえで決定するとの意思を示している（実録一九二七・九・二七）。新居に移ってからの天皇は、昼夜とも洋服を着用したが（「奈良武次回顧録草案」）、これも自身の意思にもとづくものだろう。

プールの設置も検討がなされた。これは、「皇后にはボート（スカル）を漕がれる以上、是非プールにて水泳の練習を願いたい」という侍従からの申し出によるものであった。皇后がボートから落ちた場合を案じてのものだろう。この申し出を天皇は承諾し、プールの設置場所については、生物学研究所の付近ではなく、明治宮殿の浴室付近とする案に賛同している。また、多くの観衆が見るなかで皇后がボートを漕ぐことを、「儀容（風采や外見）の面で同意し難い」とする宮内大臣の意見に対し、天皇は反論せず、むしろ観衆から見られることがないような神奈川県の真鶴《まなづる》など皇室専属の海岸を有する場所に御用邸を、できれば来年夏より使用できるよう新設すべきと主張した（実録一九二八・七・九）。

このプライベートビーチつきの御用邸建設の顛末は不明だが、これ以降、皇后が観衆の前でボートを漕ぐことはなくなったと考えていいだろう。ではプールはどうか。一九二八年九月一〇日の『読売新聞』夕刊は、ますます多忙となる「陛下の御健康」を維持するため、「宮中大奥なる御常御殿に近く二千坪余りの見事な屋外プールが新設せられ、満々とたゝえられた秋の水は、此の頃の日に照り映えて、秋近き大内山《おおうちやま》〔皇居〕一入《ひとしお》の美観を呈してゐる」と報じている。このとおりだとすると、約六六〇〇平方《メートル》、つまり縦横八〇《メートル》ほどの巨大な屋外プールが完成したことになるが、永積寅彦は、「明治宮殿の中に小さい屋内プールをつくったという話を聞いています」と述べている（『昭和天皇と私』）。実際につくられたプールは、永積のいう小さな屋内プールであり、これが『実録』で「奥プール」（同一九三二・七・一二）などと呼ばれているプールであろう。

ゴルフ場の新設

赤坂離宮には、六ホールのゴルフ場が設けられていたが、天皇夫妻の転居にともない、一九二八年七月、その最後のゴルフトーノメントが、鳩彦《やすひこ》王・同妃ら二〇名が参加して開催された（実録七・一）。天皇夫妻は、その後にも赤坂離宮ゴルフ場での最後のゴルフを二人で楽しんだ（同七・一二）。

新居にも新たなゴルフ場が造られた。吹上御苑《ふきあげぎょえん》のゴルフ場である。「お移りになる前は、ただのお庭だったけれども、お移りになる時にゴルフ場ができたんですね。それでいっそう芝をきれいにした。ゴルフ場というのは、最初は真ん中に馬場があって、東側のところだけをゴルフ練習場みたいなね。最初は、四ホールぐらいできたんでした」（『昭和天皇と

図20　赤坂離宮ゴルフ場での最後のゴルフを夫婦で楽しむ
1928年7月12日（毎日新聞社提供）

私』）。

吹上ゴルフ場での初のプレーは、『実録』によると、二八年九月一六日。天皇夫妻は、侍従の甘露寺と同じ組でコースを回り、永積や西園寺八郎ら側近が三組に分かれ、計四組で競技を行った。その後、天皇はこの吹上ゴルフ場で、平日には練習、週末には側近等との競技会を中心に「盛んにゴルフ」を行った（実録一九二八・九・一六）。この時期側近たちにとって、ゴルフはほとんど必須のものとなっており、その腕前を競う晴れの場が、天皇夫妻主催で開催されたゴルフ競技大会であった。

河井弥八《かわいやはち》も、侍従次長兼皇后大夫に

就任して間もなく、天皇のゴルフを「拝見」し、自分でもゴルフを始めたが、甘露寺の指導を受けた後、「前途心細し」との思いを抱く。一九二七年一〇月のことだ。そんな河井の練習相手を、その翌月から、新宿御苑ゴルフ場で毎朝つとめたのが宮内次官の関屋貞三郎《せきやていざぶろう》だった（『昭和初期の天皇と宮中』第一巻）。河井も、練習をつみ重ねた甲斐あって、翌二八年一二月の大礼記念ゴルフトーナメント大会のB組で見事優勝し、カップを手にしている（同第二巻）。

一方、吹上ゴルフ場に先立って、この年には、葉山の御用邸内のゴルフ場も、全九ホール、二一二七ヤード《ヤード》に拡張された。設計は主に大谷光明《おおたにこうみょう》が担当し、グリーンには高麗芝が張られた（実録一九二八・七・二七）。避暑中も、ゴルフが本格的にできる環境が整えられたのだ。

吹上ゴルフ場の拡張

こうして一九二八年には、「ゴルフは水曜・木曜・土曜・日曜を例日とし、平日は概ね午後にコースでの御練習を中心に、土日にはしばしば競技会を御開催」するようになる（同一九二八・一・二）。この年の『実録』に記録されているのは、そのうちの三九日分だけだが、うち九回は午前午後ともプレーしている。また、少なくとも一九回は皇后と一緒だったことが確認でき、その場合、午前は側近らと、午後に皇后とプレーするというパターンが多い。こうしてゴルフは、実際には隔日での実施を上回る頻度で実施されるようになり、御運動の中心を占めるようになるのである。

「赤坂より吹上のほうが狭かった。それで、途中でまた改造があって、馬場を取り払って平にして、ぐるっと回れるようになった。……全部で九ホールできたんですね。九ホールがそれなりの恰好を整えたのは、昭和八年か九年頃でしょうかね」（『昭和天皇と私』）。

ゴルフに関する永積の回想のうち、吹上御苑ゴルフ場の拡張時期については不正確で、実際にはそれより前、一九三一年九月になされている。『実録』によると、九ホールとなった吹上御苑ゴルフ場の開場式をかねたトーナメントが開催されたのは、九月一二～一三日。天皇はA組で二等、永積は、A組とオープン競技の両方で一等、奈良侍従武官長もB組で二等に入った。満州事変が勃発するわずか五日前のことである。

吹上ゴルフ場は、冬にはスキー場としても使用された。約九センチの積雪があった二八年一月、天皇は、西園寺や甘露寺などともに吹上の斜面で、また、翌二月にも二度、広芝の斜面でスキーを行っている（実録一・一五／二・六／二・一二）。一九三〇年二月にも、吹上でスキーをしたが、この時は、吹上ゴルフ場の二番打ち出しの裏面の斜面を利用して、約七〇～九〇メートルのスロープが設けられた（同二・二）。

テニスとビリヤードをやめる⁉

大内山の御日常

「スポーツに明るく　大内山の御日常　時折は野球の放送も聴召される　最近の聖上陛下」。一九三〇年一〇月三日の『東京朝日新聞』の見出しだ。「大内山」とは皇居のことで、この記事では、天皇の日常的なスポーツ活動に焦点が当てられ、それを詳細に報じている。

こうした新聞報道が出ることは、一九二四年の八月以降、皆無といってよかった。即位大礼などの大きな節目では、天皇の「健やかなる玉体」を語る上で重要なものとして御運動がたびたび取り上げられたが、それらの記事は、先にも見たようにいずれも数行足らずのものである。それに対して、この『東京朝日新聞』の記事は、膨大かつ詳細なものであり、この時期の新聞報道としては異例中の異例といっていいだろう。その内容をみてみよ

東京朝日新聞　（金曜日）　昭和五年十月三日

スポーツに明るく
大内山の御日常
時折は野球の放送も聴召される
最近の聖上陛下

『時事』の解釋で
問題の判決
罰金から二審では無罪
無保證新聞のため注目

こんどは府で
女給課税か
「酌人税」といふ新税案
豫算編成期の問題となる

図21　『東京朝日新聞』1930年10月３日付

う。

　側近などが語るところによると、「陛下の御健康と御《お》力強《ちからつよ》くも明るい御君徳」は、「スポーツに負ふ所」が大きい。「陛下には御政務の御傍はら、毎日午後二時頃から二時間づつ吹上御苑にお出ましになられて御運動を遊ばされるのが常で、御乗馬とゴルフとを隔日に遊ばされてゐるが、一般の近代スポーツに対しても深き御興味と御関心とを持たせられ、時々ラヂオの野球放送なども聴し召され」、摂政宮杯（東京六大学野球リーグの優勝杯）をどのチームが獲得するかなど側近に下問《かもん》されることもある。また、以前はテニス、撞球《どうきゅう》（ビリヤード）なども行ったが、「最近は御運動としてはほとんど御乗馬とゴルフばかり」で、乗馬の障害飛越その他の高等馬術は見事な腕前で、ゴルフもめきめき上達して最近はハンディキャップが二〇くらいである。

　ゴルフについての記事はさらにつづく。日ごろは吹上御苑内に設けられた六ホールのゴルフ場で、侍従らを相手に一人のスポーツマンとしてプレーしている。キャディは五名の内舎人《うどねり》が交代でつとめ、天皇はクラブの選定などについて彼らに意見を聞くなど親しく言葉をかけている。皇后も天皇とともにプレーをすることがあり、キャディは女官が交代でつとめている。「両陛下がスポーツに御熱心なため側近奉仕者等はいづれもスポーツ通となり高等女官等もクラブを握る有様で、大内山は常に明るい若々しい力に充されてゐる」。

なかなか詳細な報道だが、ここでは天皇がテニスとビリヤードをやめて、もっぱら乗馬とゴルフを行うようになったと報じている点にまず注目したい。テニスとビリヤードをやめた――これは事実なのか？

テニスとビリヤードをやめた⁉

『実録』でみてみると、天皇のテニスは、即位大礼の翌年、一九二九年一月に葉山の御用邸で行ったのが最後となっているが、その前の三年間、一九二六～二八年にも記録がない。この時期にはほとんどテニスを行わなくなっていたのではないだろうか。ビリヤードについても、一九二六年以降の『実録』に記録がまったくなく、御学問所にあった「御玉突場」は、一九二八年には天皇の「御進講室」として使われるようになっていた（「奈良武次回顧録草案」）。時期を確定することはできないが、天皇は即位前後にテニスとビリヤードをやめたと考えていいだろう。

テニスを始めたのが御学問所に入学した一九一四年四月なので、それから一五年ほどつづけてきたことになるが、なぜ天皇はこの時期にテニスを、そしてビリヤードをやめてしまったのだろうか?

永積寅彦は、皇太子時代のテニスについて「やはり器用ではない。お上手といえば、妃殿下がお上手でした」と評しているが(『昭和天皇と私』)、不器用な天皇がテニスに嫌気がさしてしまったと考えられなくもない。しかし、私には、そこに二〇年代半ばから強まった右翼や国粋主義者からの攻撃、そして即位によって強まった昭和天皇の神格化の動きなどが絡まっていたように思えてならない。

右翼の攻撃

たとえば、先にもみたゴルフに対する右翼などから批判は、その後も止むことはなかった。岡部長景《ながかげ》は、内大臣秘書官長に就任した直後、一九二九年三月末の日記に、宮内次官の関屋貞三郎がこの日訪ねてきて、雑談の中で「右傾思想の者に往々悩まさるること(実例としては陛下ゴルフの件)等」について話していったと書いている(尚友倶楽部編『岡部長景日記』柏書房、一九九三年)。天皇のゴルフに対する右翼などからの攻撃は、ひきつづき宮中を悩ませていたのだ。

また、甘露寺や永積などとともに侍従として天皇の御運動を担当した岡本愛祐は、「即位前後から、とくに陸軍が宮中のなかに口を挟んでくるようになった」といい、天皇が生物学研究所に行っていることを批判し、政務室では常に軍服を着用すべきだといった主張が伝わってくるようになったと述べている（保阪正康『昭和天皇』上）。

黒龍会の内田良平が、「ベースボールやテニスの如き欧米の運動法」と名指しでテニスを批判していたことは、先にみたとおりだが、右翼や国粋主義者、軍人による批判は、天皇のゴルフや生物学研究だけでなく、テニスやビリヤードにも及んでいたのではないだろうか。

以上のような状況をふまえると、天皇と側近たちは、右翼や国粋主義者らの攻撃をかわすためにあえてテニスとビリヤードを止めた、と考えることもできよう。

さらにそこには、昭和天皇の神格化とも絡んだより積極的な意味もあったのではないだろうか。即位の大礼を機に始まる昭和天皇の神格化の様子を元侍従、二荒芳徳《ふたらよしのり》の著作によってみてみよう。

昭和天皇の神格化

一九二七年に出版された『今上陛下の御聖徳』（社会教育協会）で、二荒は、昭和天皇の「沈着剛毅、且つ玲瓏《れいろう》玉のやうな御性格」は、日本の皇室以外ではあり得ない『宮中雲深きところの超世間的な非常な神聖な生活の環境」によってつくられた「斧鉞《ふえつ》を入れない大原野の中に亭々《ていてい》として、自然の雨露に養はれて天を摩《ま》する大杉のやうな、何ともいへない自然の偉大性」であると称賛した。また、それを「皇室の尊厳」「悠久数千年の伝統のと称することも「誤りでない」と押し出されており、それを国民に伝えることに最大の力点が置かれていた。同書では昭和天皇のありのままの姿、自然人としての姿が全面に述べているが、同書では昭和天皇を「現人神」と称することも「誤りでない」と賜」「皇室の御徳」などと呼び、昭和天皇を「現人神」

これに対し、即位の大礼の直前に出版された『聖徳を仰きて』(北星堂書店、一九二八年)では、こうした主張が大きく転換している。二荒はいう。この本を書いたのは、昭和天皇の「自然人」としての聡明さや人格の偉大さを述べるためではなく、我々が「民族の理想信念」をしっかりと持ち、「お互いの真面目なる献身的努力」を「天皇に捧げ」て、「新興日本の躍進発展に貢献する」ためである。

西洋の元首は、即位の際に臣民にみずからの誠実を誓うことがあるが、わが国の天皇の場合はそのようなことをしない。なぜなら悠久数千年の昔から定まっている「確固不動の建国精神」を発揮することが、「天皇の道」であるからだ。即位の大礼は、「日本民族信仰の根柢」であるこの天皇の「天職」の遂行を皇祖皇宗に誓うとともに、一般国民にこの決心を強く示す儀式にほかならない。即位とともに天皇は、「自然の人」としての生活を縮小し、真の「神聖者」としての生活に入る。

こうして二荒は、国民に向かって、「我がスメラ・ミクニの理想」は、日本国民がそれぞれ「そのマゴコロを発揮し、真にスメラ・ミコトの国即ち弥《いよいよ》ゝ真理を践《ふ》むの国となすこと」であると訴えるとともに、「天皇（スメラ・ミコト）の観念」などについても詳細に論じていく。

二荒の主張にみられるような昭和天皇の神格化は、実際には〝現人神〟となる大嘗祭《だいじょうさい》など即位大礼の神々しい儀式によって体現されるとともに、大礼を機に御真影《ごしんえい》（天皇・皇后の肖像写真）や「日の丸」といった天皇や国家に対する忠誠心や奉公心を象徴する〝物的措置〟も整備されていった（中島三千男『天皇の代替りと国民』青木書店、一九九〇年）。さらに即位大礼の後も、天皇は連日のように祝賀行事に出席するが、二九年一二月に宮城前広場で行われた東京府と近隣四県の学生、青年訓練所生徒、青年団員の親閲式では、雨の中、天皇が外套《がいとう》を脱ぎ捨てて、一時間二〇分分列行進を親閲し、七万余名の参加者を感激させた。そしてこのエピソードが、天皇の御聖徳（人格や能力）として広く国民の間にしみ込んでいった（高橋紘「神格化のきざし 昭和の大礼」『昭和初期の天皇と宮中』第一巻）。

こうして神聖であるとともに男らしく剛毅であるという昭和天皇像が創られていくのである。

天皇像とテニスのイメージ

伊藤之雄によれば、一九二九年七月から一年間で、昭和天皇が軍服以外で活動している写真が『東京日日新聞』に掲載されたのは、上野の帝展観覧と静岡巡幸《じゅんこう》の際の登山の二回のみで、一九二九年一一月の明治神宮体育大会の観覧も、翌三〇年四月の天長節に皇居内で開催された天覧相撲でさえも、天皇は陸軍様式大元帥の通常礼装を着用した。このような軍服へのこだわりについて伊藤は、天皇あるいは側近が大元帥としての姿を示すためであったとみている（『昭和天皇と立憲君主制の崩壊』）。

神聖であるとともに男らしく剛毅であるという天皇＝大元帥の表象として、軍服は最もふさわしいものとして選び取られたのだろう。同時期にテニスとビリヤードをやめたのも、それと一体のものであったのではないだろうか。

一九二八年に連載が始まった菊池寛《かん》の小説『東京行進曲』が、テニスボールを通して貧富の差を象徴的に描くという手法を用いているように、この時期のテニスには、大衆的な文化とは一線を画する上流階級の文化というイメージが強い。また、テニスは優雅で女性的であるというイメージも強い。とくにスカートを着用する女性のテニスは、女らしさという規範ともうまく合致している。女子学習院でも、当時硬式のテニスコートが三面、軟式のコートが八面ほど設けられ、練習時間を定め指導者を置くなどテニスが課外活動として奨励されていた（華族史料研究会編『華族令嬢たちの大正・昭和』吉川弘文館、二〇一一年）。テニスがもつこうした女性性や高貴さは、あるべき皇后像とも合致する。皇后良子が、その後もテニスをつづけている理由をこのように考えることもできるだろう。

一方、ビリヤードには少し低俗で猥雑なイメージがつきまとう。こうしたイメージも、テニスのもつ女性性も、神聖で男らしく剛毅であるという天皇像にはそぐわない。

即位大礼にふさわしいもの

ところで、即位の大礼とは、数千年の歴史をもつ「確固不動の建国精神」を天皇みずからが体現し、遂行することを皇祖皇宗に誓うと同時に一般国民に示す儀式である、という二荒芳徳の先の説明に従えば、それを祝福するのにふさわしいものは、西洋文化であるスポーツではなく、日本の伝統文化である武道ということになる。

一九二九年は、即位礼を終えた昭和天皇が、その姿を国民の前に披露する最初の年であり、陸海軍の式典への出席や地方視察などによってその存在をアピールしていった。皇居内の武道場「済寧館《さいねいかん》」を中心に開催された「御大礼記念天覧武道大会」への出席もそのひとつである。五月に開催されたこの大会は、柔道と剣道の「日本一」をトーナメント方式で決定するという前代未聞の選手権大会であったが、注目すべきは、その主催者が宮内省であったことである。

天皇という絶対的な権威をバックにし、宮内省によって開催されたこの大会は、武道の国家的意義を再認識させ、その復興の機運をつくりだす巨大なインパクトとなった（拙書『権力装置としてのスポーツ』）。大会委員長をつとめた主馬寮頭の西園寺八郎は、そのような「意外なる衝動」を与えたのは、まさに「日本固有の武士道精神に則る武道真髄のあらはれ」であるとし、また、二荒芳徳は、武道は「我国固有の民族精神によつて創造された国技」であり、「現在我国に於て盛んに行はれてゐるスポーツについて、其の体育に及ぼす効果を充分認め、同時にスポーツマンシップに対して深き尊敬を有するものであるが、而《しか》も之を我国の武道の壮烈にして玄妙至微《げんみょうしび》なるに比ぶれば、到底及ぶべくもないことを認めざるを得ない」と武道にはスポーツを上回る価値があると主張した（宮内省監修『昭和天覧試合』講談社、一九三〇年）。

これまで右翼などが主張してきた国粋主義的な武道論を天皇の側近たちが唱えるようになるのである。

テニスとビリヤードをやめるという天皇の行為は、これまでみてきたような右翼や国粋主義者からの攻撃、即位によって強まった昭和天皇の神格化の動き、国粋主義的な武道論の高唱などのなかで、神聖で男らしく剛毅であるという天皇像を創りあげるためになされたものだったのではないだろうか。

国家統制への対抗⁉

ここでもう一度、一九三〇年一〇月三日の『東京朝日新聞』の記事に立ち戻ってみたい。この記事は、即位の大礼の二年後のものであるが、その内容は、「神聖者」としての新たな天皇像をアピールするものではない。むしろありのままの「自然人」としての天皇、ヨーロッパ外遊後に打ち出されたようなスポーツに勤しむ、若くて健康的で平民的なかつての皇太子時代のイメージをアピールするものであった。

平民性を最も強烈に示しているのが、天皇が六大学野球の実況放送を聴き、優勝争いを気にかけているという箇所である。東京六大学野球を中心に「野球狂時代」と形容されるほど野球人気が高まっていた当時にあって（『権力装置としてのスポーツ』）、この報道は、熱狂する野球ファンとの一体化を意味するからだ。

また、そこでは天皇が吹上ゴルフ場で側近や皇后らとともにプレーをする姿も詳細に報じられていた。これは、天皇のゴルフなどを批判する右翼や国粋主義者からすれば、彼らの感情を逆なでする挑発的な行為に他ならない。側近の誰かがリークしたものだと思われるが、宮中としては出てほしくない記事であったはずだ。それをあえて出した『東京朝日新聞』には、何か特別な意図があったように思われる。

この時期、国粋主義的な武道論が主張され、また、文部省を中心としたスポーツによる「思想善導」政策も、官民一体となって展開され始めていたが（同前）、『東京朝日新聞』は、一九三〇年七月一七日の社説「体育運動の統制」で、文部省の関与は「危険をふくむもの」であり、「たゞスポーツの発達を助成するにとゞめて、これに何等か干渉がましき態度をとってはならない」と主張した。夏の甲子園大会をはじめ多くの競技大会を主催してきた朝日新聞社による危機感の表明といっていいだろう。『東京朝日新聞』がスポーツに勤しむ天皇の姿をクローズアップした記事を掲載したのは、それから二カ月半後であるが、この記事も先の社説と同じ文脈の中にあり、天皇の権威によってスポーツを擁護しようとしたものだったのではないだろうか。

さて、それから一年後、新聞報道のあり方にさらに大きな転換が起きる。一九三一年九月に勃発した満州事変以降、それまで時おり報道されていた実像に近い文民的な天皇の姿も紙面から消えてしまうのだ（古川隆久『昭和天皇』中央公論新社、二〇一一年）。上記の『東京朝日新聞』の記事は、こうした時代に突入する前に書かれた異例中の異例の記事であったのだ。

オリンピックと武道

天皇と馬術と五輪

馬術は、昭和天皇とオリンピックをつなぐスポーツであった。オリンピックとの関係が深くなったのは、先にも述べたように皇太子時代、一九二四年のオリンピック・パリ大会からだが、その四年後、一九二八年のアムステルダム大会でも天皇は、積極的なアプローチを試みた。日本は、アムステルダム大会で、陸軍騎兵学校関係者による馬術選手団を派遣しオリンピックデビューを果たすが、天皇はその前年、二七年の一二月に皇居内の広芝で遊佐幸平《ゆさこうへい》ら五輪候補選手四名による馬術を観覧し（実録一二・一〇）、さらにそれを撮影した映画『昭和二年十二月広芝に於ける天覧馬術』を皇后良子《ながこ》や長女成子《しげこ》と一緒に観ている（同一九二八・一・一二）。こうして天皇は、世界の馬術代表選手への特別な期待を抱いてアムステルダム大会を迎えたと思われるが、世界の壁は厚く、メダルはおろか入賞することもできなかった。

一方、この大会で日本は、陸上の三段跳びと水泳男子平泳ぎ二〇〇メートルの二種目で日本初の金メダルを獲得した。日本選手のこうした活躍、とくに水泳での活躍は、天皇に思いもよらぬ喜びをもたらしたのではないだろうか。

ロサンゼルス・オリンピック

一九三二年のオリンピック・ロサンゼルス大会。この時日本は、計一三一人の大選手団を送り込み、金七、銀七、銅四、計一八個ものメダルを獲得し、金メダル獲得数では、アメリカ、イタリア、フランス、スウェーデンに次ぐ第五位に急浮上した。

一八個のメダルのうち一二個が水泳で獲得したもので、金メダルも七個のうち五個までが水泳だった。残り二つの金メダルのうちの一つが、陸上の三段跳び、そしてもうひとつが、馬術であった。陸軍騎兵学校の騎兵中尉、西竹一《にしたけいち》男爵が、大障碍《だいしょうがい》で見事優勝を飾り、馬術競技で金メダルを獲得したのだ。

天皇が、西竹一や遊佐幸平ら五輪候補選手による馬術競技を皇居内旧本丸で観覧したのは、その一年以上前、一九三一年五月である（実録五・四）。さらに天皇は、三二年五月、ロサンゼルス大会に「日本代表選手を派遣するに際し、特に御奨励の思召し」により、大日本体育協会に金一万円を下賜した（同五・五）。

ロサンゼルス大会はラジオでも放送された。といってもそれは実況中継ではない。派遣された日本放送協会のアナウンサーたちが、競技後にその模様を実況さながらの「実感放送」として再現し、日本で翌日の正午〜一時に放送したものであり、日本放送協会自身が、その「いけるが如き情景は、聴く人々の興奮と歓喜とを絶頂に迄引き上げた」と評したように、多くの人々の心をつかみ、街頭ラジオがいたる所で黒山の人だかりとなった（『権力装置としてのスポーツ』）。西が優勝した大障碍は、ロサンゼルス大会の最終日、八月一五日に放送され、優勝の瞬間を「まさしく鞍上人なく、鞍下馬なし。西中尉、西竹一中尉は、なみいる強豪をおさえて、優勝しました。みごと西中尉優勝です」と伝えた（大野芳『オリンポスの使徒』文藝春秋、一九八四年）。

昭和天皇は、西の優勝を伝えるラジオ放送を聴いたのだろうか？　こたえは否である。『実録』をみてみると、この日は、ちょうど那須の御用邸での避暑を終えて皇居へ戻る日であり、天皇は午後一二時二〇分に皇后とともに御用邸を出発している。

では他の競技の放送はどうか？　『実録』によると、天皇は八月一日より那須の御用邸に滞在し、八日から一四日までは毎朝六時前に起き、皇后と六歳になった長女成子といっしょにラジオ体操を行っている。ラジオ体操は、御大礼記念事業として放送が始まったという、昭和天皇と浅からぬ関係をもつものであったが、それはともかく、正午から一時までのロサンゼルス大会の放送、とくに金メダルを獲得した三段跳びの表彰式やメダルを独占した男子一〇〇㍍《メートル》背泳ぎ決勝など、日本中を熱狂させたこれらの放送を聞かなかったのだろうか？　『実録』で天皇の行動を見てみると、この時間帯にラジオを聴くチャンスがあったのは計四日ほどしかなく、ほとんど聴かなったものと思われる。避暑中とはいえ、満州事変の翌年であり、政務優先の生活に変わりはなく、そこにロサンゼルス大会のラジオ放送が割り込む余地はなかったということだろう。しかし、馬術をはじめとする日本代表の活躍に天皇が無関心であったはずはない。

異例のもてなし

昭和天皇は、ロサンゼルス大会閉幕後、九月二二日に大障碍で優勝した西竹一をはじめ馬術競技に出場した選手七名を帰朝武官待遇で宮中に招いた。これは異例のもてなしであり、天皇と彼らとの関係の親密さ、五輪の馬術競技への関心の高さ、そしてメダル獲得の喜びの大きさを示しているといっていいだろう。

さらに天皇は、その一週間後、ロサンゼルス大会に役員として参加した大日本体育協会会長でＩＯＣ委員の岸清一《せいいち》を宮中に招き、報告を聞いた（『権力装置としてのスポーツ』）。ロサンゼルス大会に対する天皇の関心の高さを示すものに他ならないが、この時の岸の報告の中で注目したいのは、次の二点である。

第一に、天皇による一万円の御下賜金がもたらした効果である。この「栄光」に選手たちが「非常に感激発奮し祖国の名誉の為めに奮戦努力して皇恩に報いんことを相誓」い、「非常に国家的精神に燃えた」。それと同時にスポーツに対する「頑迷不霊《がんめいふれい》の反対」、とくに「オリンピック選手派遣反対論」を屏息させ、さらにオリンピックの意義を全国津々浦々まで徹底させ、その「大なる刺戟」によって、スポーツが「非常なる勢を以て隆盛の度を高めつつ」ある。

岸がいう「頑迷不霊の反対」論者とは、先にみたような右翼などであろう。御下賜金は、彼らによる反対論を天皇の権威によって屏息させるほどの威力をもったのであり、その意味でこの時の天皇は、日本のスポーツ界にとって最強の支援者であったのだ。

第二に、ロサンゼルス大会が果たした外交政策上の役割である。日本選手のスポーツマンシップの精神あふれるプレーが、観衆やアメリカ国民に深い感銘を与え、それが満州事変、上海事変以来の「日本に対する誤解と反感」を一掃したというのだ。この点に対する天皇の賞賛は、この会見以前にすでに岸に伝えられており、岸はその「感激」を直接天皇に伝えるとともに謝辞を表明した（以上、日本体育協会編『日本体育協会五十年史』一九六三年）。

ロサンゼルス大会の外交政策上の貢献を賞賛したのは、天皇だけではない。「大会最大の収穫　スポーツ外交の勝利　排日の本場に発揮した我選手の日本精神」と『時事新報』

（八・九）が報じたように、メディアもその役割に注目し、国民の期待を駆り立てた。

しかし、こうした外交上の貢献も、中国に対する日本の侵略行為を国際政治の場で認めさせるには無力に等しかった。天皇が岸の報告を聞いた三日後、一〇月二日にリットン調査団の報告書が発表されたが、それは日本側の主張を完全に否定し、満州事変を日本の侵略行為と断定するものであった。その後も日本は、あくまで満州国の承認を主張し、中国への侵略をつづけたが、一九三三年二月の国連総会が四二対一で満州国不承認を決定したのを受けて、日本は同年三月、ついに国連を脱退する。そして三四年にはワシントン海軍軍縮条約を破棄し、三六年にはロンドン海軍軍縮会議からも脱退するなど、国際秩序への無謀な挑戦をくり返し、国際的な孤立状態に陥っていくのである。

国連脱退と乗馬

陸軍の統制が効かず、国の信義がつぎつぎと破れ、国連脱退もやむを得ないといった状況を憂慮して食事量が減り、数カ月で七・五キロ近く体重が落ちた天皇を見て、弟の宣仁が「もつと勇気をおもちにならねばならぬ」と日記に書いたのは、一九三三年六月のことだった（『高松宮日記』第二巻）。その影響は、乗馬練習の場面でも見られた。甘露寺《かんろじ》受長《おさなが》は、「国連脱退が論議されていたころ、その問題をいたくご心配になっていられた陛下は、乗馬をされても、手綱をお取りになっていらっしゃるお手もとが危く、ご落馬でもあっては

――と、ご心配もうしあげたほどであった」(『天皇さま』)と述べている。

天覧武道大会ふたたび

昭和天皇は、結婚から一〇年間で四人の子どもに恵まれたが、全員が宮中用語でいう内親王《ないしんのう》、つまり女の子だった。一九三三年一二月二三日、ついに待ちに待った待望の親王《しんのう》、すなわち皇位継承者となる男子が誕生する。継宮明仁《つぐのみやあきひと》、後の平成天皇である。当時、内大臣秘書官長であった木戸幸一《きどこういち》は、この日の日記に「大問題は解決せられたり。感無量、涙を禁ずる能《あた》はず」と記している(『木戸幸一日記』上巻、東京大学出版会、一九六六年)。

こうして皇太子誕生を祝うさまざまな行事がなされていったが、そのひとつが、明仁の初節句に合わせて、翌三四年五月四~五日に開催された皇太子殿下御誕生奉祝天覧武道大会である。会場は、前年の末に切妻千鳥破風造《きりづまちどりはふづくり》の約三〇〇〇坪の武道場として、皇居内に新築された済寧館。皇太子の誕生を祝い、さらに「一般国民に対する武道奨励」をはかるために、先の御大礼記念武道大会から五年ぶりに柔道と剣道の「日本一」を決定する天覧武道大会を開催したのである。

これを発案し主催したのも宮内省であった。「我が国民が、開闢《かいびやく》以来屡々《るる》国難に臨み、死を視ること帰するが如く、一身を君国に捧げ、以て外侮《がいぶ》を禦《ふせ》ぎ、我が金甌《きんおう》無欠の国体を擁護し、能《よ》く不朽の光輝あらしめしもの孰《いず》れか武道の功に俟《ま》たざるものあらんや。我が武道は実に我が日本精神の発露にして、又我が国体精華の顕現なりと言ひ得べし」。この大会の開催趣旨を説明するにあたって、宮内大臣湯浅倉平《ゆあさくらへい》はこのように武道の国家的意義を強調している（宮内省監修『皇太子殿下御誕生奉祝天覧試合』講談社、一九三四年）。武道によって国体が護持されてきたというのだ。

軍刀が日本刀に変わる

天皇および陸海軍将校の軍刀が変化するのは、この大会の直前のことだった。三四年二月、皇室令が改正され、それまで重要な儀式に限定されていた天皇の大元帥刀の佩用《はいよう》が、陸海軍の軍服での正装および礼装の場合でもなされるようになる（実録二一・二五）。また、それと同時に陸軍服制が改正され、将校の軍刀が従来のサーベル式のものから日本刀に変わるのだ。海軍も同年一〇月には同様の変更を行う（吉田裕『日本の軍隊』岩波書店、二〇〇二年）。こうして日本刀を介して「皇軍」が一体化するのである。

軍刀の変更を主導したのは、同年一月まで陸軍大臣の任にあった荒木貞夫をはじめとする皇道派の軍人たちであったとされるが、荒木は、天覧武道大会を記念して刊行された大日本雄弁会講談社編『武道宝鑑』（一九三四年）に寄せた「剣道と皇道精神」の中で、「武」を日本民族に固有の「日本精神の重要なる特質」「大和魂の精華」であるとし、「今日の非常時局」を克服し、日本精神を作興するために、「日本国民が、一人残らず一斉に竹刀を取つて、早暁《そうぎょう》の気の爽かなる中に、剣道によつて心身を鍛練」することを期待しているると述べている。

この荒木の主張は、先にみた天覧武道大会の開催趣旨と見事に一致している。天覧武道大会は、軍部の意向と一体となって取り組まれた宮内省による「一般国民に対する武道奨励」策という一面をもっていたのであり、重要なのはそれが「天覧」という形で、つまり天皇の意思を示すものとして人々にアピールされたことである。

このように満州事変の勃発や国際連盟の脱退などによってもたらされた「非常時局」下で、「日本精神」や「武士道」と強固に結びつきながら武道が国家的に奨励されていくのであるが、それはまだ西洋文化であるスポーツを全面否定するものではなく、また、この時点で天皇のスポーツ奨励の意思が消えたわけでもない。こうした様子を一九二六年のオリンピック・ベルリン大会によってみてみよう。

ベルリン・オリンピックと非常時

一九三六年のオリンピック・ベルリン大会に日本は、ナチス・ドイツの要請に応えて、ロス五輪を上回る二四九名という大選手団を送り出した。天皇は、同年六月、前回と同様の金一万円を大日本体育協会に下賜したが、それは次回のオリンピックを「東京に招致する目的を以て多数の選手を派遣につき、体育御奨励の思召し」によるものであった（実録六・五）。

たしかにベルリン大会への大選手団の派遣は、五年にわたって強力におし進めてきたオリンピック招致活動の最後の仕上げというべきものであり、そうした取り組みによって、ベルリン大会の前日、七月三一日のＩＯＣ総会で、三六対二七でヘルシンキを下し、ついに東京大会の開催が決定する。御下賜金の理由にあげられていた東京大会の招致が現実のものとなったのだ。それは、満州事変後、国際社会で孤立していた日本が、久々に世界で認められた瞬間であり、日本人のナショナルプライドを強烈に刺激した。天皇の喜びもひとしおであったにちがいない。

そして、この「一九四〇年東京オリンピックの開催決定！」というビッグニュースが、ベルリン大会に対する人々の関心を倍増させるとともに、金六個、銀四個、銅八個という日本選手の活躍が人々を熱狂させた。メダル総数は前回のロス大会と同じ一八個で、金メダルの数では七位と前回を下回ったが、日本放送協会が「半カ月間に亘《わた》つて全国民を興奮の坩堝《るつぼ》と化した」と評したように、ラジオの実況中継が絶大な威力を発揮した。それは、満州事変や国連脱退、二・二六事件に象徴されるテロと戦争の時代を生きる人々に、一瞬の開放感を与えるものであったが（『権力装置としてのスポーツ』）、このことは天皇自身にとっても同様であったのではないだろうか。

天皇は、ベルリン大会の期間中、葉山の御用邸に滞在しており、『実録』によると、八月一〇日の夕食後には、皇后と成子、そして側近らと一緒にオリンピックのニュース映画を観ている。ベルリン大会のラジオの実況は、時差の関係で、午前六時半からか、午後一一時からという時間帯となり、このうち午前の放送は録音放送であり、「前畑がんばれ！」を連呼したことで有名な水泳女子二〇〇米《メートル》平泳ぎ決勝の実況は、一二日の午後一一時過ぎからであった。天皇も、こうしたラジオの実況に耳を傾けたのではないだろうか。先のロサンゼルス大会時とはちがって、ラジオの実況が早朝と深夜という政務に縛られない時間帯になされたからだ。

オリンピック東京大会の招致が成功し、日本選手の活躍が人々を熱狂させたにもかかわらず、天皇が、ベルリン大会の閉幕後に選手や役員を宮中に招くということはなかった。馬術の成績が、大障碍団体での六位入賞にとどまり、また、一〇年にわたり体操及武課の御用掛として仕えた加藤真一《まさかず》が監督をつとめたホッケー日本代表が予選リーグで敗れたということも、その一因だったのかもしれない。しかし、それ以上に「非常時」と呼ばれる時代状況がそうした行為を抑制させたのではないだろうか。陸軍将校らによる大規模なクーデターである二・二六事件が勃発したのは、この年の二月であり、天皇はこの事件から約一カ月間、終始軍服を着用し、乗馬の時も軍服を脱がず、生物学研究所での研究を含めた「御慰み」も一切中止した（本庄繁『本庄日記』原書房、一九八九年）。二・二六事件の際に出された東京市の戒厳令が解除されたのは、ベルリン大会が開幕するわずか一三日前のことであった。

大元帥としての健康維持

戦争の時代

ゴルフをやめる

暗転する時代のなかで

東宮侍従長《とうぐうじじゅうちょう》をつとめた父、入江為守《いりえためもり》につづいて、親子二代にわたって昭和天皇に仕えた入江相政《すけまさ》。その入江が侍従に就任した一九三四年は、「満州事変が一段落して、一応小康を得ていたといってさしつかえない」「だから政務、軍務の余暇には、十分に運動もお出来になったので、月、水、金は乗馬、火、木、日はゴルフ、土曜日は御研究、というようなことが、わりに規則正しく行われていた」という（入江相政『天皇さまの還暦』朝日新聞社、一九六二年）。

満州事変以降、首相をはじめ大臣、参謀総長、軍令部総長などから、四六時中、拝謁《はいえつ》や奏上《そうじょう》があり、国家的な「重大事項に聖断を下し給ふ」という「御多忙のため御日課にも御変更を来し、御運動等の御時間も欠き給《たま》ふの止むなきに至ることも少くない」（東京朝日一九三三・四・二九）という状況から脱して、天皇の日常に少し余裕が生まれたのだろう。この年、一九三四年の天皇のゴルフの実施回数は計四七回を数え、吹上《ふきあげ》のゴルフ場で平日は練習、土日を中心に競技をし、那須の御用邸などに滞在中もゴルフを行った（実録一九三四・一一・二）。

しかし、時代は暗転し、天皇はこれまで親しんできたゴルフをやめる。一九三六年の「二・二六で日本全体が、がらりと変ってしまったのだが、さらにその翌年の一二年（一九三七年）に日華事変がはじまってからは、いよいよどうにもならない事態になってしまった。乗馬は軍務というわけで、太平洋戦争のはじめごろまではつづけておいでになったが、ゴルフのほうは十二年の六月以来やめておしまいになった」「六月にお楽しみになって、いろいろなさまたげで、その後出来ないままでいらっしゃるうちに、七月に事変が起ったので、そのまま止めておしまいになったというわけである」（『天皇さまの還暦』）。入江相政の証言である。天皇は、一九三七年七月の日中戦争の勃発以後、ゴルフをやめたというのだ。

もうゴルフはやめる

入江によれば、この時天皇は、「もうゴルフはやめる」といい、「したがって、ゴルフ場の手入れは、一切してはいけない」ということになった。「グリーンやバンカーは、長い間その形をのこしていたが、フェアウェーにはどんどん野草がのびてきた。カワラナデシコやホタルブクロの花。『刈りさえしなければ、こんな花が咲いてくれる』といっておよろこびになったのがこの時であり、そしてこの瞬間が、陛下の野草に対して強い感情をお感じになった最初だと私は思っている。バンカーはいつの間にかカワラケツメイでいっぱいになり、手入れをしないエヴァーグリーンは、いつか武蔵野植物に敗けて、御苑は一円、武蔵野の姿になった。」（『城の中』）という。

昭和天皇自身も後に「いつ頃までゴルフをされていましたか」との記者の質問に対し、「ゴルフは大体、ええ支那事変の頃。（昭和）一二年頃」と答えている（高橋紘編『昭和天皇発言録』）。『実録』でのゴルフの最後の記録は、一九三七年六月二〇日であり、天皇の発言とも、入江の証言とも一致している。

ただし、その日の『実録』には、「吹上御苑におけるゴルフ御運動はこの日が最後となる」とあり、また、一九四一年一〇月七日には「この日が天皇がゴルフ及びデッキゴルフをされた最後となる」と記されており、その後四年半ほどの間に吹上以外の場所でゴルフを行った可能性がほのめかされている。

田代靖尚は、一九三九年の夏、那須滞在中に天皇夫妻が何度かゴルフをしたと推定している（『昭和天皇のゴルフ』主婦の友社、二〇一二年）。その根拠は、「御散歩位な積りで御願申上、嚶鳴亭に成らせられ、ゴルフ御練習。午后はテニス、いづれも結構な御供乃至《おともないし》お相手」という入江日記の一九三九年八月六日（那須第五日）の記述だが、『実録』によると、天皇はこの夏を葉山で過ごしており、那須には行っていない。那須で入江を相手にゴルフとテニスを行ったのは、残念ながら天皇ではなく皇后の方である。

吹上でのゴルフをやめる――それは日常の御運動からゴルフが消えることを意味する。即位前後より、馬術とともに隔日で実施され、御運動のなかで最大の比重を占めるようになり、また、健康のためだけでなく、気晴らしや皇后との団らん、側近たちとの交流といった多様な意味をもち、精神修養の効果もアピールしながら、二〇年にわたってつづけてきたゴルフ。それをやめる。この決断は重い。

右翼や軍部の圧力

なぜゴルフをやめたのか？　田代靖尚が指摘しているように、このころには、天皇夫妻に「長く仕え、ゴルフの相手をした人々がごそっと消え」ていた（『昭和天皇のゴルフ』）。河井弥八《かわいやはち》や一一年以上侍従武官長をつとめた奈良武次《たけじ》などが去り、側近の顔ぶれが大きく入れ替わっていた。しかし、甘露寺受長《かんろじおさなが》は依然として侍従のままであり、奈良の後任となった本庄繁《ほんじょうしげる》も、一九三四年八月、那須に滞在中に侍従長や侍従らとともに天皇のゴルフの相手をしており（『本庄日記』）、翌三五年九月には、天皇が元侍従の河井弥八を呼び、侍従や侍従武官らとともに午前と午後にわたって吹上でゴルフをしている（実録九・二九）。側近の交代が即座に天皇のゴルフの妨げとなったとは考えにくい。

天皇は、「御運動にゴルフを遊ばす思召はあつたのだが、水害の為人民の困つてゐる時に運動をしてどうだらうか」と言って取りやめ（入江日記一九三五・九・二七）、二・二六事件の関係者一五名が処刑された日も、そのためにゴルフをやらなかった（同一九三六・七・一二）。しかし、それらはすべて一時的なもので、その後、側近たちの勧めによって復活している。だが、日中戦争の勃発後、「もうゴルフはやめる」と言う天皇に対して、側近たちが説得を試みた様子がみられない。なぜだろうか？

日中戦争の勃発とともにやめたのはゴルフだけではない。生物学研究所での研究もやめている。宮内大臣湯浅倉平《ゆあさくらへい》によると、天皇が研究所に行くと警備の近衛師団の兵士がこれを侍従武官府に報告し、陸軍武官などが「この非常時に生物学の御研究なんか甚だけしからん」と批判するため、天皇が気兼ねしたためだという（古川隆久『昭和天皇』）。ゴルフも同様だったのではないだろうか。

天皇の弟、三笠宮崇仁《みかさのみやたかひと》は、「軍隊にも野球チームがあったが満州事変以後だんだん圧迫された。士官学校にもテニスコートがあったが、敵性スポーツということで砲兵に蹂躙されるのをこの目で見た。青山（御所）にもゴルフコースがあったが真っ先につぶされた」

（森川貞夫「『スポーツと平和』教育への覚書」『体育・スポーツ評論』第二号、一九八七年）と証言している。崇仁がかつて暮らした青山御所にもゴルフコースがあったのだろう。それがつぶされた時期は、日中戦争以降のことだと思われるが、このようなスポーツに対する「圧迫」は、天皇にゴルフを断念させるほどの強さをもって迫ってきていたとみていいだろう。

国民の模範となる

三笠宮崇仁の証言は、西洋文化であるスポーツに対する「圧迫」のあり様を生々しく伝えるものであるが、ゴルフが上流階級による贅沢な娯楽の象徴であったことも、攻撃の的となった理由とみていいだろう。たとえば全日本スキー連盟の小島三郎会長が、「我等のスキーを、ゴルフ等と同一視して、贅沢な享楽部門のみを挙げて、結局全面的に否認する人がある」（『スキー年鑑』第一五号、一九四一年）と述べているのは、当時のスポーツの中でゴルフが最も「贅沢な享楽」と認識されていたことを示している。右翼らによるゴルフ批判が長くつづいていたのも、この点が大きいように思う。

日中戦争勃発の翌月、一九三七年八月には、「挙国一致《きょこくいっち》」「堅忍不抜《けんにんふばつ》」の精神によって時局に対処するとともに、「皇運を扶翼《ふよく》」するため、官民一体となった国民精神総動員運動を展開することが閣議決定された。この運動からやがて生み出されるスローガン「ぜいたくは敵だ！」に象徴されるように、それは非戦闘員である国民にまで耐乏生活を強いるものであった。こうした中で、「贅沢な享楽」であるゴルフを天皇がつづけることは、右翼や軍部のみならず、国民からの批判も避けられない。

ゴルフの中止は、こうした状況下で、兵士や国民の模範となろうとした天皇自身の強固な意志によってなされたのではないだろうか。「軍人及一般民衆の師表《しひょう》〔手本〕とならせらるる事に、御勤めあらせらるることの異常なるものあるは、誠に難有極《ありがたき》みなり」（『本庄日記』）。これは侍従武官長の本庄繁が、一九三二年の特別大演習の後、大阪市練兵場で行われた観兵式で、前日より風邪気味で発熱もあった天皇が、侍医《じい》の反対を押し切って、暴風雨の中、御座所台上に「凛然と豪雨を浴びつつ一時間余直立」しつづけ、行進をなす数万の分列隊に「馬前に身命を捧げたき感懐」を与えたことなどを回想し、三三年九月の日記に書きとめたものである。天皇にとってゴルフをやめるという行為もまた、国家の非常時になすべき手本を兵士や国民に示すという自身の決断によって行った、ゴルフの「封印」と呼ぶべきものだったのではないだろうか。

計り知れない負担

日中戦争の勃発と戦争の拡大は、それまでとは比較にならないほどの深刻な事態を生み出した。一九三七年一一月に宮中に大本営が設置されたことはそれを象徴するものである。これ以降、重要な国策の決定は、大本営と政府の連絡会議をへて、それを天皇の「御前」で開く御前会議によって決定するようになる。また、参謀本部のトップである参謀総長や軍令部のトップである軍令部総長には、現地軍に直接命令を下す権限が与えられていないため、天皇の名においてそれがなされていくのである（吉田裕「なぜ戦線は拡大したのか」、ＮＨＫ取材班編『ＮＨＫスペシャル日本人はなぜ戦争へと向かったのか戦中編』ＮＨＫ出版、二〇一一年）。それを天皇がどれだけ主体的に行ったかという点をめぐっては慎重な吟味が必要だが、それらが天皇にもたらした心理的身体的な負担は計り知れない。その緊張感は、たとえば天皇の服装の変化にも表れていた。入江はこう回想している。

私が侍従になったはじめの頃は、昼間は軍服をお召しになっていた。これは、いつ、だれが出て来てもすぐお会いになれるように、こうしておいでになったのだが、午後乗馬の時などは、背広の上着にソフト帽でお乗りになっていたし、そうでなくても、御夕食のために奥へおはいりになると、それからあとは背広をお召しになった。

それが日華事変がはじまって少しした頃からは、夜お休みになるまで軍装をお解きにならなかった。（『天皇さまの還暦』）

大元帥としての政務は過酷を極め、天皇は疲労のため、翌三八年二月上旬から風邪で体調をくずす。その後、近衛文麿《このえふみまろ》首相や元老西園寺公望《さいおんじきんもち》らの勧めにより葉山で静養したが、体調の回復と内閣改造を機に同年五月より生物学研究所での研究を再開した（古川隆久『昭和天皇』）。生物学研究が天皇の健康維持に不可欠と判断されたからである。しかし、ゴルフが再開されることはなかった。

デッキゴルフ

ゴルフと入れ替わって登場したのがデッキゴルフである。『実録』によると、その設備が完成したのは、一九三八年五月一三日。生物学研究所での研究の再開とほぼ同時である。ゴルフをやめた天皇に対する側近たちの配慮であろう。場所は、宮内省第二期庁舎の屋上。この建物は侍医寮とも呼ばれていたが、その屋上という、屋外だが外からは見えない場所に設置されたのだ。この日、天皇は侍従の甘露寺や侍従武官、侍医などを相手にデッキゴルフを行った。以後、皇后も時々参加するようになり、この年計一一回デッキゴルフを行っている（実録五・一三）。このうちの一二月のデッキゴルフについて、入江は、「この間からお上は胃のお具合がお悪いので今日は何とかして御運動を願はうとお勧め申上、二時半から三時半まで〔侍医寮の〕屋上でデッキゴルフ」と日記に書いている（入江日記一二・一二九）。

翌三九年も計一一回（実録一・六）、四〇年は計七回（同五・一六）となり、四一年には計三回にまで減少し、同年一〇月七日に甘露寺ら侍従を相手に行ったのが最後となる（同三・一九／七・六／一〇・七）。実施されて四年、太平洋戦争の勃発以前にデッキゴルフは行われなくなるのである。

側近からすれば、ゴルフの代替としての期待があったと思われるデッキゴルフであったが、その実施回数はかつてのゴルフに比べるとあまりにも少ない。膨大かつ深刻化する日々の政務によって余暇時間が圧縮され、天皇の御運動の時間そのものが奪われていったことの証左であろう。なお、デッキゴルフの施設がつくられた第二期庁舎は、その後、天皇にとって思いもよらぬ重要な場所となる。太平洋戦争の勃発以降、その地下につくられていた金庫（鋼鉄の扉をつけた防空室）が、空襲時の天皇夫妻の避難場所として使用されるようになるからだ（小倉日記一九四二・三・五）。

天皇と馬術と東京五輪

昭和天皇にとって馬術は、先にみたとおり軍務であると同時に自身とオリンピックをつなぐスポーツでもあった。こうした二重性は、陸軍騎兵学校を中心として選出されていた馬術競技の軍人選手たちにとっても同様であった。彼らは軍人とスポーツ選手の両方を兼務した。

東京オリンピックに向けて

オリンピック・ベルリン大会で六位入賞にとどまった日本の馬術は、その直後より四年後の東京大会に向けた取り組みを開始する。大日本体育協会会長で国際馬術協会副会長でもあった陸軍中将の大島又彦が、名馬発掘のため国内を駆けめぐる中、一九三六年九月には、宮内省の三里塚《さんりづか》御料牧場からサラブレッド二頭が下賜され、農林省から一〇頭、新冠《にいかっぷ》牧場からも二頭が献上され、これらの馬が、東京大会の代表選手たちが乗る候補馬として軍馬補充部および陸軍騎兵学校に委嘱される（東京朝日九・一五）。国家をあげての支援がなされていくのである。ちなみに同年六月には、満州事変以降の緊迫した国際情勢の下で、国防上必要不可欠な有能馬の確保などをはかるため、農林省の外局として馬政局が復活し、また、一二月には日本競馬会が設立され、翌三七年から「帝室御賞典競走」を一季一競走に限定し、真の古馬チャンピオンの決定戦として実施するようになる（武市銀治郎『富国強馬』講談社、一九九九年）。現在もつづく天皇賞の始まりである。

代表選手の決定も早かった。一九三七年八月三日の新聞各紙は、陸軍省がロサンゼルス大会の金メダリストで三大会連続での出場となる陸軍大尉の西竹一《にしたけいち》をはじめ、陸軍現役将校七名を代表選手に選出したと報じた。それとともに七頭の五輪候補馬が決定され、八月六日には宮内省下賜《かし》の二頭をふくむこれらの馬が、習志野《ならしの》の陸軍騎兵学校に移送され、その近くに新設工事中のオリンピック乗馬調教場の九月竣工を待って、ここで「本格的猛練習」を行うことになった（読売八・七）。馬術競技でのメダル奪回に向けた取り組みが本格化するのである。さらにその五日後には、大学生を中心とする民間側の馬術代表候補選手も発表され、以後選手の絞り込みが進められた（同八・一二／八・一二）。

陸軍の撤退

しかし、ここで激変が起きる。陸軍代表選手の選出からわずか三週間後、八月二五日に陸軍省は、「時局の拡大は遂に現役将校をしてオリンピックの準備訓練に専念するを許さざるの情勢にたち至りたる」（同八・二六夕刊）とし、突如として東京大会の馬術競技からの撤退を表明するのである。国民精神総動員実施要綱が閣議決定された翌日のことだが、日中戦争の遂行という時局の重大性に鑑みて、陸軍省はオリンピックの馬術競技からの撤退という一八〇度の方針転換を行ったのだ。それは、国民精神総動員を体現し、現役軍人には競技スポーツとしての馬術の練習をやらせず軍務に専念させる、という陸軍の意志を強烈にアピールするものに他ならない。さらにその直後に大島又彦も、大日本体育協会会長を辞任する。

陸軍は、東京大会の開催自体を否定したわけではない。しかし、馬術競技からの撤退の衝撃は計り知れず、これ以後、東京大会の開催そのものに暗雲が垂れ込めていく。それは、オリンピックにおける馬術競技と密接な関係を築きながら、馬術に取り組んできた天皇にとっても、大きな衝撃であったにちがいない。陸軍の馬術競技からの撤退と天皇のゴルフの中止。両者は同時期に起きており、陸軍のこの決断が、天皇にも覆い被さり、ゴルフの中止を決定づけたと考えることもできよう。

また、それは天皇の日常の乗馬練習の内容やそれに取り組む意識をも変容させていったのではないだろうか。臣下である現役将校たちがオリンピック競技としての馬術の練習を中止し軍務に集中する中で、大元帥たる天皇がそれをつづけることなどできるはずがないからだ。

東京大会の返上

オリンピック東京大会の開催は、その後、開催会場問題などで紆余曲折を経ながらも準備が進められていったが、一九三八年初頭より交戦国である日本での開催を疑問視する国が増加し、大会招請状を発送する一九三九年一月までに日中戦争が終結しなければ、多くの国々が参加を拒否することが必至となった。こうした中、一九三八年六月の閣議で、オリンピック会場の建設が「戦争遂行に直接必要成らざる土木建築工事」とされ、七月一五日に東京大会の返上が決定される。その翌日、東京オリンピック組織委員会もこの閣議決定を受け入れ、こうして開催決定から二年で、東京大会は幻と化した（中村哲夫「第一二回オリンピック東京大会研究序説（Ⅲ）」『三重大学教育学部研究紀要』第四四巻、一九九三年）。

返上の理由について、厚生大臣木戸幸一《きどこういち》は、日中戦争がより一層長期戦の様相を呈するようになり、「物心両面に亘り益々国家の総力を挙げて事変の目的達成に一路邁進するを要する情勢にある」という点を強調した（東京朝日七・一六夕刊）。こうした発言をとらえて古川隆久は、東京大会の返上には、「長期戦態勢確立を国民にアピールする、つまり国民統合の強化に役立てる意図」があったと指摘しているが（『皇紀・万博・オリンピック』中央公論社、一九九八年）、返上がそうした効果を生み出したことはたしかであろう。

では、日中戦争の勃発からまる一年、ゴルフをやめ、多忙を極める時局への対応のために体調不良による一時的休養をのぞいて、不休で政務に当たっていた天皇は、東京大会の返上をどう受け止めたのだろうか？　返上の原因は日中戦争の拡大であり、こうした事態を招いた最大の責任は、形式上国家意思の最終決定者である天皇にある。この点からすれば、天皇は呵責の念にさいなまれていたはずだが、逆に被害者意識をもち軍部や政府への不満をつのらせていたという推測も成り立つ。天皇の実際上の権限や国家の意思決定は複雑であり、天皇が日中戦争にどれほど主体的にかかわっていたかということと一体の問題であるからだ。東京大会の返上が天皇にとって不快な事件であったことはたしかだと思うが、もしかするとそれは、深刻化する時局への対応に比べれば、もはや気に留めるほどの重みさえもっていない、そんな存在となっていたのかもしれない。

天皇の乗馬

一九三七年九月二二日、天皇は日中戦争勃発後はじめて乗馬を行ったが、それ以降敗戦までの八年間の乗馬については、『実録』に一二回しか記録されていない。そのうち一九四〇年については、一月以降「折に触れて乗馬をされる」（実録一・四）、翌四一年も「本年も平日午後を中心として、吹上御苑内の馬場や旧本丸跡その他において乗馬される」（同一・二二）と記されており、この両年に関しては乗馬がある程度安定的に実施されたようだが、「御乗馬の御運動すら仰出《おおせいだ》さる、こと極めて稀な程でありますこ」（読売一九四一・四・一一）と実施の困難さを強調する新聞報道もみられる。

先にも述べたように陸軍がオリンピックの馬術競技から撤退して以降、天皇の乗馬も建前上、軍務一色となり、競技性やスポーツ性は否定されざるを得なかったはずである。軍務としての天皇の乗馬——それを象徴するものが、陸軍始観兵式や天長節観兵式、陸軍特別大演習などで、数万人の兵士の前で、さっそうと馬に乗り、閲兵や統監を行うシーンである。軍を率いる天皇の姿は、しばしば新聞の一面を大きく飾ったが、このシーンにも変化が起きる。天皇の乗る馬が白馬に変わるのである。

『東京日日新聞』では、満州事変の翌年、一九三二年四月の軍人勅諭五〇年記念式典以降に天皇の馬がすべて白馬に変わっている（伊藤之雄『昭和天皇と立憲君主制の崩壊』）。『東京朝日新聞』も同じで、同紙のばあい、それ以前、一九二七年一月から三二年一月に掲載された天皇の乗馬姿の写真計一一枚のうち、白馬に乗っているのは三枚だけである。それに対し、今回確認できた一九三二年四月から四五年一月までの計二六枚の写真すべてが白馬である。

現人神と白馬

天皇の馬は、一九三〇年当時五頭いたが、そのうち白馬は「吹雪」と「白雪」の二頭だけだった（東京朝日一九三〇・一一・一）。一九三二年の陸軍特別大演習には、白馬の「白雪」と栗毛の「香菫《こうきん》」が現地大阪に輸送されている。しかし、新聞の一面を飾ったのは「白雪」であった（東京朝日一一・七／一一・一五）。注目したいのは、この大演習の直前に宮内省から貸下された「聖上御騎乗の英姿」の写真が一面トップに掲載されおり、それが「白雪」であったことである（同一一・二夕刊）。おそらくこの時点で宮内省は、天皇の乗馬写真には白馬がふさわしいと判断し、以後新聞に掲載する写真を白馬に統一したのではないか。

なぜ白馬なのか？　この点について、原武史は、「昭和初期における天皇の神格化は、白馬に代表される視覚イメージの変化によるところが大きい」といい、その最たる例として、一九四二年二月に宮城前広場に十数万人を集めてシンガポール陥落を祝った「戦勝第一次祝賀式」で、天皇が「白雪」に乗って二重橋に現れたシーンをあげている（「白馬」『岩波天皇・皇室辞典』岩波書店、二〇〇五年）。また、川村邦光は、『東京朝日新聞』に掲載された乗馬姿の天皇の写真について、足を地面に着けていない馬上の天皇像は、「九重の奥に住まう現人神の出御《しゅつぎょ》、あるいは天上の聖なる天子の神話的な降臨を表象」していると指摘し、「戦勝第一次祝賀式」の写真の中で、「白雪」は、天皇の「聖性を顕現させ、崇高な現人神の神体の影向を演出して、遥拝させているかのようである」と述べている（『聖戦のイコノグラフィ』青弓社、二〇〇七年）。白馬は、満州事変後に天皇を現人神として演出する道具として選ばれ、その役割を果たしていくのである。

図22 「戦勝第一次祝賀式」で「白雪」に乗る昭和天皇　1942年2月18日（朝日新聞社提供）

図23　白馬「初雪」に乗り，陸軍士官学校卒業式で在校生を親閲する　1944年4月20日（朝日新聞社提供）

なお、天皇が乗った白馬のうち、「吹雪」は、先にも述べたように遊佐幸平が一九二四年のオリンピック・パリ大会を視察した際に購入し、日本に持ち帰ったハンガリー産のサラブレッドであった。天皇は、一九二五年以降三三年までに二五四回この馬に乗っている（原武史「白馬」）。しかし、先にも述べたように「吹雪」の現役時代には、白馬が優先的に新聞に掲載されることはなかった。その後、新聞の掲載写真が白馬に統一されるなかで登場し、人々に鮮明な記憶を残したのは「白雪」である。「白雪」もハンガリー産で、遊佐が購入したといわれているが、こちらは一九二六年に佐藤達次郎男爵が献上し、引退する一九四二年一〇月までに三四四回の乗馬が記録されている。「白雪」の引退後、天皇は日本産の白馬「初雪」に乗ることになるが、その回数は、戦後の五二年までを含めても二五回にすぎない（同前）。

スキーと二・二六事件

「ご運動はだいたい健康のためということでなすったのですが、進んでやろうとおっしゃるのはスキーと水泳です」（『昭和天皇と私』）。これは、摂政時代の御運動についての永積寅彦の回想であるが、太平洋戦争の末期まで天皇が行ったのは、乗馬をのぞくと、やはりこの二つだった。まずはスキーについてみてみよう。

皇居でのスキー

一九三二年二月二六日。この年はじめての積雪を記録したこの日、天皇は午前一一時より吹上御苑でスキーを行った。満州事変から五カ月後であり、天皇は、時局柄、午前中からのスキーの実施について躊躇したが、参謀次長による軍事学の御進講が中止となった機会をとらえて、側近らが「御気分の転換を図られたき」と懇願し、実施に至ったという

図24　吹上御苑でのスキー　1931年２月（毎日新聞社提供）

日にも行われた。

（実録二・二六）。スキーは、その翌日と翌々

翌三三年一月二四日、天皇は三九度の熱を出した。「原因は日曜、月曜両日のスキー御運動より来れるにあらざるかと思考す」。奈良武次武官長は、こう日記に記している（『侍従武官長奈良武次日記・回顧録』第三巻）。『実録』によると、天皇は、その後、二月一日まで静養した後、二月に三回、三月にも三回、吹上のゴルフ場でスキーを行った。さらにその翌年、一九三四年の二月にも、侍従や武官を相手に二度スキーを行っている。二度目のスキーは、吹上御苑の「雪はほぼ消えたものの、毎年スキーをされる斜面の北側部分には、例年の如く内匠寮職員により雪が運ばれ保存」されたことで可能となった。こうし

的な大雪に見舞われることになる。

三五年は降雪がなかったためだろうか、スキーの記録がないが、その翌年、東京は記録

た職員の努力によって、降雪が少ない時でもスキーができたのだ。

記録的な大雪

一九三六年二月四日から東京に降り始めた雪は、五四年ぶりの大雪となり、五日の午前零時には三二チセンの積雪を記録する。願ってもないチャンスの到来である。天皇は、この日の午後、さっそく侍従や侍従武官らと内庭でスキーを行った。以後、連日スキーをし、九日には二人の娘のソリ遊びを見ながらスキーを楽しんだ（実録二・五）。吹上ではなくスロープが緩やかな内庭でスキーを行ったのは、英国皇帝ジョージ五世の死を悼んで、皇室が喪に服していたためであるという（入江日記二・五）。

東京はこの冬、さらなる大雪に見舞われ、二月二四日には積雪が三五チセンとなる。この日の午後、天皇は、内庭で、翌日の午後には吹上でスキーを行った（実録二・二四）。侍従の入江相政も両日、スキーの相手をつとめ、吹上では甘露寺受長らとともにゴルフ場の二番の打出しから「直滑降で降りることをやり始め大騒ぎをし、人気を全部奪つて了《しま》ふ」（入江日記二・二五）。おそらくこの時のことだろう、甘露寺は吹上でのスキーについて、次のように回想している。

ある年雪がうんと降ったとき、このスロープでスキーをされた。女官・女孺《にょじゅ》なども

お相手をした。私は、理論だけはよく承知している。そこで、一人の女孺がつっ立ったままで直滑降をするのにむかって、「ダメ、ダメもっとひざを曲げて……」などと大いに机上理論を発揮していた。ところが、その女孺は雪国生まれなので、フォームは我流でも、サーッサーッとよく滑るのである。

そこで私が、「こういう姿勢でなければいけません。我流では、ある程度まで進歩したらゆきどまりになるのですよ」と講釈して、模範的な？　フォームで滑り降りた。ところが、この大先生、ほんとうの腕前はたいしたものではないので、意外についたスピードをどうすることもできず、ついにズデンドウとひっくりかえってしまった。女官たちはキャッキャッと手をうって笑う。殿下も大きな声でしきりにお笑いになった。（『天皇さま』）

笑いに包まれた宮中でのスキーの一コマだ。入江も、この時のことを「陛下は二時間近くも、スキーをお楽しみになった。われわれもお相手をして、ずいぶんにぎやかだった。ひっくりかえったり笑ったり、五時近くまで賑わった」と回想している（『天皇さまの還暦』）。

二・二六事件とその後

しかし、このように盛り上がったスキーも二日間で打ち切りとなる。翌二六日の未明、「昭和維新」の断行をめざす陸軍青年将校が、約一四〇〇名の反乱軍を率いて、警視庁や陸軍省、参謀本部などを占拠するという大規模なクーデターが起ったからだ。二・二六事件である。青年将校らは、大蔵大臣高橋是清《これきよ》や教育総監渡辺錠太郎《わたなべじょうたろう》らとともに内大臣斎藤実《まこと》を殺害し、前内大臣牧野伸顕《まきののぶあき》、侍従長鈴木貫太郎《かんたろう》も襲撃して、鈴木に重傷を負わせた。彼らを天皇の周辺にいてその威光をさえぎり、改革を阻止している君側《くんそく》の奸《かん》（悪者）とみなしたからだ。この時、鈴木侍従長の止めをさそうとした兵士の前に立ちふさがり、思い止まらせたのが鈴木の妻、孝《たか》であった。幼稚園時代から一一年にわたって昭和天皇の養育を担当したあの孝である。孝は、その後鈴木の後妻となり、二・二六事件で身を挺して夫の命を救ったのだった。

二八日の入江日記には、「朝起きて見ると雪である。スキーも御出来にならないとすれば本当にいやな天気だ」とある。二・二六事件が決着をみるのは、その翌日である。自分が信頼する側近を殺傷され、統帥権を干犯《かんぱん》した反乱軍に天皇は激怒し、即時鎮圧を命じたが、戒厳令の施行や奉勅《ほうちょく》命令（天皇が下す統帥命令）、ビラやラジオを通しての勧告などによって、青年将校たちも抗戦を断念し、クーデターは四日間で終結した。

翌一九三七年から三八年には、スキーの記録がない。『実録』では、三九年二月一五日の内庭でのスキーが最後となっている。しかし、スキーはその後もつづけられた。侍従の小倉庫次《くらじ》は、太平洋戦争勃発の翌年、一九四二年二月一五日の日記に「両陛下スキー（御内庭）。午後は東宮様も御参加、ソリを遊ばさる」と書いている（小倉日記二・一五）。皇后や明仁とスキーを楽しんだのだ。ラジオがシンガポール陥落の大本営発表を伝えたのは、この日の夜だったが、侍従武官の城英一郎の日記によると、天皇はその翌日の午後にも、さらに二月二五日の午前にも内庭でスキーをしている（野村実編『侍従武官城英一郎日記』山川出版社、一九八二年）。これが今回確認できた天皇のスキーに関する最後の記録である。

ちなみに上記の三回のスキーの合間に行われたのが、シンガポール陥落を祝う「戦勝第一次祝賀式」であったが、この時、天皇が白馬に乗って二重橋に現れたことは先に述べたとおりである。

太平洋戦争下の水泳

皇居の中の二つのプール

「私が皇子さんのほうにいっている間に、御殿の中に小さいプールができたんですかね」。吹上の御文庫《おぶんこ》の脇にあるプールも「その頃にできたんですね。それから、明治宮殿の中に小さい屋内プールをつくったという話を聞いています。雨の時は、吹上のプールは寒いので、明治宮殿に小さいのができたという話です」（『昭和天皇と私』）。永積寅彦はこのように述べている。

皇居には、天皇のためのプールが二つあったということだが、それらが造られたのは、永積が「皇子さんのほうにいっている間」、つまり皇子傅育官《ふいく》に就任した一九四〇年以降だという。『実録』によると、吹上のプールの方は、一九四二年六月三〇日に完成している。これは、防空用施設として建設された地上一階、地下二階の住居「御文庫」とともに建築された、鉄筋コンクリート造りで長さ二五メートル、幅八メートル、深さ一メートル二〇センチから三メートルの屋外プールであった。御文庫という名称は、「防空壕という名では、いかにも隠れて逃げるという感じ」で、「大元帥陛下のイメージがこわれるという配慮」から侍従の小倉庫次《くらじ》がつけた（岡部長章「天皇のご決断」『語りつぐ昭和史（5）』朝日新聞社、一九七七年）。プールも同様の配慮か、あるいは軍部や国民の批判を気にしてのことだろうか、「貯水池」と呼ばれた（実録一九四二・八・一二）。かつての吹上ゴルフ場にこれらの施設がつくられたのである。

奥のプール

一方の明治宮殿内のプールであるが、これは先にも述べたように小さな屋内プールで、「奥のプール」などと呼ばれていたものであろう。だとすると、吹上のプールと同じころにできたという永積の記憶は誤りで、それ以前にすでに設置されていたことになる。

天皇がこのプールで泳いだという最初の記録は、『実録』によると一九三二年七月二六日で、「奥プールにおいて水泳をされる」とある（実録七・一二）。これは、満州事変の影響で、御用邸での長期滞在ができなくなり、「夏期期間の日中の御運動については、御乗馬は午後三時より、またゴルフは午後三時三十分より」実施となるなかで（同七・一二）、海での水泳の代用として行われたものだろう。夏の葉山の長期滞在が復活し、海での水泳が可能となった翌三三年以降、「奥のプール」での水泳の記録はしばらく『実録』にみられない。

「奥のプール」での水泳の記録が『実録』にふたたび登場するのは、一九三七年七月一三日である。この日、天皇は、三人の娘たちと一緒に「御奥のプール」で水泳をしたとある。この時も、盧溝橋事件の対応のために葉山での避暑を切り上げて皇居に戻ったため、本来なら葉山の海で行うはずの水泳を「奥のプール」で行ったと考えられる。

日中戦争の引き金となった盧溝橋での日中両軍の衝突について、天皇が報告を受けたのは、葉山滞在の六日目、七月八日のことだったが、この時天皇は水泳のために海岸に出るところであった。水温二六度五分。「表面はまるでお湯」のような海で泳いだ後にも、天皇は侍従武官長の宇佐美興屋《うさみおきいえ》よりこの件につき報告を受け、さらにその翌日には、総理大臣近衛文麿から一時間にわたり、事件の原因や不拡大方針についての閣議決定などについての報告を受けた（実録七・八、入江日記七・八）。そして一二日にはついに避暑を切り上げ、皇居に戻る。

「奥のプール」での水泳は、皇居に戻った翌日、情勢が緊迫するなかで実施されたわけだが、それは侍従長百武三郎《ひゃくたけさぶろう》より、「炎暑並びに時局重大の際、御健康の維持がいよいよ必要につき、毎日短時間でも涼しい時間に御運動ありたき」との要望を受けてのものであったと『実録』に記録されている。以後も「頻繁に水泳をされ」、日中戦争勃発後に中止していた乗馬も再開する（実録七・一三／七・二二）。ちなみに子どもたちは、その後も葉山に滞在し、一一歳となった長女成子《しげこ》は、侍従の入江相政が見守るなかで「遂に千六百米」を泳ぎきった（入江日記九・五）。

日中戦争下の水泳

「奥のプール」での天皇の水泳の頻度が高まるのは、日中戦争以降である。一九三八年七月一三日、天皇は、「御奥のプール」で甘露寺受長と入江を相手に、この夏初めて水泳をし、その後、成子と一緒に二度泳いでいるが、一度目は「奥のプール」、二度目は葉山の海だった（実録七・一三／七・二一／七・三一）。入江日記には、九月一日に「午后御水泳」とあるが、こちらは「奥のプール」だろう。翌三九年の場合は、葉山に比較的長く滞在したためだろう、「奥のプール」での水泳の記録はみられない。

一九四〇年の七月には、二度「内庭プールにおいて水泳をされる」と記録されているが（同七・一一）、これは葉山滞在中のことなので、おそらく御用邸の内庭にもプールがあったということだろう。同月一八日には「奥プールにおいて水泳をされる。以後、本夏中はお一人又は内親王方等と御一緒にしばしば水泳をされる」とある。皇居では「奥プール」で、葉山では海や「内庭プール」で、たびたび娘たちと泳いだのだ（同七・三一）。

一九四一年は、『実録』によると、七〜八月に「奥プール」で四回、葉山の海で二回泳いでいる。このうち葉山での水泳については、「時局柄、水泳しても宜しきや」という天皇に侍従らが「御鍛練の為めの行幸なれば、水泳を遊ばして戴かなければ困る」と回答するというやり取りがなされた（小倉日記七・八）。ちなみに七月三一日の入江日記には、「水温は二十四度との事、御水泳の御支度で、御出まし願ふ。一寸入つて見たが、冷たいので結局お止めに願ひ、小磯で釣を遊ばす」とある。天皇の健康維持のために側近たちが細心の注意を払っていたことがわかる。

太平洋戦争の決定と葉山行幸

なお、この年、一九四一年には宮内大臣松平恒雄が葉山行幸を奏請《そうせい》せず、これに対し入江は、「これでは将来葉山へおいでになれないことになる」と「大いに憤慨」している（入江日記八・一三）。この年の葉山滞在は、七月八日〜一七日という短期間のもので、侍従らは八月に入ってからも「非常時局なればいよいよ御健康が大切」だと葉山滞在を主張したが、これを宮内大臣が受け入れなかったのだ（小倉日記八・一二）。

侍従らは九月になっても、「何とかして暫《しばら》くにても葉山に行幸願い度《た》く」主張をつづけたが、それは小倉日記に「この御状態にて、最悪の場合に御遭遇遊ばさるるは誠に不安なり」（同九・一二）と記されているように、天皇の状態を案じてのものであった。「最悪の場合」とは何か？　この日の小倉日記に、日米交渉に関するアメリカ側の回答について記されていることから、日米交渉が決裂し、日本が戦争に突入するという事態を指していると考えていいだろう。この日までにこの問題をめぐって二度の御前会議が開催されており、一一月五日の三回目の御前会議では、一二月一日の午前〇時までに日米交渉が妥結しない場合には、「現下の危局を打開して、自存自衛を完《まっと》うし大東亜の新秩序を建設する為、此の際対米英蘭戦争を決意」した。入江日記には、この日の御前会議について、「国策、これによつていよ〳〵確立した訳である。いよ〳〵最後の所まで来て了つた。のるかそるか国運を賭して邁進せざるを得なくなつた訳である」とあり、さらに年末所感の中で、日米交渉が決裂すれば「一戦を交へようといふのだ。総てが一決した時に葉山へ行幸啓を願つた」と、この時のことが記されている（入江日記一二・三一）。つまり、この御前会議で事実上、開戦の決定がなされ、そのタイミングで間髪を入れず、葉山行幸を実行したというのだ。

葉山行幸の効果

入江日記の記述にあるとおり、天皇は、御前会議の二日後の一一月七日から葉山の御用邸に滞在し、船に乗り、くらげや貝類、海岸植物などを採集し、海岸の岩の上で遊ぶなど楽しい時間を過ごした（小倉日記一一・七—一二）。侍従の小倉が、天皇の髪に白髪が混じっているのをはじめてみたのは、こうして実現した

図25　第13回明治神宮国民錬成大会に皇后とともに出席
1942年11月２日（朝日新聞社提供）

葉山滞在の六日目のことだった。「本日、御髪の紊《みだ》れに白髪を初めて拝せり」（同一一・一二）。小倉の目には、それが太平洋戦争という「最悪」の決断をした天皇の心労を象徴するものとして映ったのだろう。

その後、一二月一日の御前会議を経て、同月八日の日本軍によるマレー上陸、真珠湾空爆等により太平洋戦争に突入する。こうして侍従らが恐れていた「最悪の場合」が現実のものとなるわけだが、その前に彼らが懇願していた天皇の葉山滞在を短期間ではあれ実現させたのだ。あまりにも見事なタイミングである。

その効果のほどは定かではないが、天皇が開戦の聖断を下した後、体調を崩すようなことはなかった。「玉体愈々《いよいよ》御健かに、来るべき決戦の年を迎へさせ願ふ」（同一九四三・一二・三二）といった侍従らの願いどおり、天皇は敗戦の二カ月前、一九四五年六月までは、何度か風邪をひきながらも政務を休むことは一度もなかった（半藤一利「解説小倉庫次日記」『文藝春秋』二〇〇七年四月号）。たとえば、一九四〇年には風邪のため欠席した明治神宮国民体育大会も、明治神宮国民錬成大会に改称された四二年には出席を果たし、時局を反映した銃剣道や薙刀《なぎなた》の集団戦、重量運搬リレーなどとともに、女子のバスケットボールやバレーボール、男子のラグビーなどを観戦している（『第一三回明治神宮国民錬成大会報告書』一九四四年）。

戦時下の水泳と団らん

一方、吹上のプールは、御文庫が完成した一九四二年八月一二日以降に使用が始まった。侍従武官の城英一郎が、「吹上の御文庫完成せる為め、午後は御文庫で出御、御水泳又御夕食も全所にて御済しのこと多し」と日記に書いたのは、八月二五日である（『侍従武官城英一郎日記』）。完成したプールが、御文庫での生活の開始とともに活用されている様子がうかがえる。

しかし、この年はじめての水泳は、吹上のプールではなく「奥のプール」だった（実録一九四二・八・一三）。天候のせいだろうか。これも含めて、その後一カ月の間に計七回プールで泳いだとの記録が『実録』にあるが、九月六日の水泳も「奥のプール」で、この時は三人の娘たちと昼食をとった後、「お揃いにて宮殿に戻られ、奥プールにおいて水泳される」とある。その一週間後にも、午前中に明仁と三人の娘と一緒にプールで泳ぎ、「夕刻、再び皇后と共に水泳をされ」たとある。その後吹上御苑内を散策していることから、この日は吹上のプールを使用したのだろう。また、九月七日の入江日記には、

両陛下吹上に成らせられ御水泳。予にも御相手をしろとの仰で入れていたゞく。非常にいゝ気持である。跳込をしろとの仰でやる。なかく〳〵うまく行かない。後で又ゆつくり泳げとの仰で戸田君〔侍従戸田康英〕と二人泳がせていたゞく。今日はさして暑くもないのだが、かうして入つてゐるといゝ気持で、これは全くいゝ御運動である。

とある。これを含めるとこの夏の水泳の記録は計八回確認できるが、そのうち七回は、このように皇后や子どもたちと一緒であり、それが天皇にとってまさに家族団らんのひと時をもたらすものであったことがわかる。こうした状況はその後もつづく。

〈玉体〉とスポーツの戦前・戦後——エピローグ

立派なスポーツマン

「陛下は御少年時代から体育に玉体を錬《ね》らせ給ひ、従つて御乗馬、御水泳は申すに及ばず、ゴルフ・庭球・野球・スキー・ボート等、凡《およ》そ当時のスポーツに属するものは親しく御習練、御練達の域に達せられ、立派なスポーツマンでもあらせられたのである。げに龍顔《りゅうがん》麗しく、玉体は天稟《てんぴん》の御健勝を加へさせ給ひ、未だ曽《かつ》て御病気らしい御病気を拝さない程の御壮健さであらせ給ふ。」

東京日日新聞の記者、藤樫《とがし》準二の『仰ぐ御光』（大道書房）の一節である。一見、ヨーロッパ外遊から帰国したころの皇太子裕仁の姿を描いているように見えるが、この本の出版は一九四二年一〇月。ミッドウェー海戦で、日本の連合艦隊の主力空母四隻がアメリカ軍によって沈められたのは、この年の六月であり、八月からはガダルカナル島をめぐる激しい争奪戦が展開され、この敗戦が転機となり戦局は一気に悪化していた。

かつては乗馬、水泳、ゴルフ、テニス、野球、スキー、ボートなどに熟達し、未だかつて病気らしい病気をしたことがない、という記述のどこが事実でどこが虚構や誇張であるかは、ここで改めて指摘するまでもないだろう。このころ、天皇が御運動としてつづけていたスポーツは、先にみたように完成したばかりの吹上のプールか「奥のプール」での水泳、積雪時の皇居内でのスキー、そして乗馬であった。つまり日常的なスポーツは乗馬だけとなっていたのだが、その乗馬にも変化が訪れる。

抜け殻のような乗馬

「陛下は昭和十七年（一九四二年）ごろから、特にガダルカナル島が落ちてからは、馬に乗せてもらっているというような状態でした。昔は、あれほど見事な馬術でしたのに」（宝石編集部「私が目撃した天皇の喜怒哀楽」）。侍従武官であった尾形健一は、こう証言している。側近らが絶賛した天皇の乗馬が、見るも哀れな状態になっていくのである。その原因は乗馬回数の減少だけではないだろう。

永積寅彦《ながづみとらひこ》は、「乗馬や水泳などは、戦争に入ってからも、ご運動ということであったんでしょうか」との質問に、「ご乗馬はあったと思います」と答えている。たしかに乗馬に関しては、少なくとも一九四四年一〇月まで行われていたことが確認できる（徳川義寛『徳川義寛終戦日記』朝日新聞社、一九九九年）。さらに永積は、のちにうかがったことがありますが、乗馬をしても、ゴルフをしても、その間は生物学のことが頭を離れずに、馬に乗りながらそんなことを考えていたのだと。昭和二十年〔一九四五年〕になって私が再び侍従として出てからは、そういうご運動はすでになかったですね。毎日、空襲警報が出て。（『昭和天皇と私』）

と述べている。ゴルフはすでにやめているので永積の記憶ちがいだと思うが、乗馬についてはそのような状況であったのだろう。

天皇の生物学研究は、太平洋戦争に突入した直後に約一カ月中断するが（小倉日記一九四二・一・一〇）、その後は、敗戦直前の一九四五年八月上旬まで途切れることなくつづけられた（『徳川義寛終戦日記』）。生物学研究は、原武史がいうように、天皇にとって「神」に対する確証を得るためのほとんど唯一のよすがでもあったのだろう（『昭和天皇』）。

永積は、天皇の生物学研究の二大テーマであったクラゲなど腔腸動物の一種ヒドロゾアと植物について、「両方、いつもお考えになっておいでになっていたんでしょうね。ストレス解消の手段としては、戦争中はよろしかったんじゃないかと思います」と述べている（『昭和天皇と私』）。

天皇にとって生物学研究は、戦局が悪化し、政務が厖大化するなかで許されたかけがえのない自由な時間であり、永積がいうように、みずからの健康を保つための重要な「ストレス解消の手段」だったのだろう。それが時には乗馬の最中であってもつづいていたのであり、その場合の乗馬は、〝抜け殻〟のような状態であったということだろう。

悪化する戦局の中で

天皇が、侍従の小倉庫次《くらじ》に、自分が吹上御苑の雑草の観察を趣味にしていることを外ではどのように見ているのかと尋ね、これに対し小倉が、生物学研究所に畑、新宿御苑などにも畑、吹上《ふきあげ》には水田もつくられたので、外での評判については一切御心配には及びませんと回答したのは、一九四三年九月のことだった（小倉日記一九四三・九・二）。天皇がゴルフを止めてから六年。雑草が吹上ゴルフ場を覆い、その一角には御料地から移植した草花も植えられていた（『徳川義寛終戦日記』）。それらを観察することが外部の批判にさらされているのではないか、と神経をとがらせているのである。

入江相政《いりえすけまさ》は、戦後、ゴルフを止めてから雑草が生い茂るようになった吹上御苑について、「どこへも自由においでになれず、那須以外では、どこでもゆったりと大自然の草木をながめることのお出来にならない陛下に許された、これはたったひとつの自由というものである」と述べているが（『天皇さまの還暦』）、この指摘は、むしろ那須にさえ行けなかった戦時下の方がより当てはまっているのではないだろうか。しかし、戦争の最末期には、そんな雑草の観察にさえ外部の視線を気にするようになっていたのだ。

ちなみに先の小倉日記の記述によって、新宿御苑にも畑が作られていたことがわかるが、皇太子時代に造成されたゴルフコースも、それ以前にすでに取り壊されており（摂津茂和『ゴルフ史話』）、その上に畑がつくられたということだろう。

プールでの水泳

入江相政は、一九四二年夏の日光滞在を最後に天皇の御用邸滞在はなくなり、「あとは暑くても寒くても、ずっと東京。したがって御運動もなにもなさらないので、少しはというのでプールでの水泳をおすすめしたこともあったが、それもちょっとのこと、あとはただただ、御心配の日がつづいた」（『天皇さまの還暦』）と述べているが、プールでの水泳は、少なくとも一九四四年の夏までつづけられていた。

『実録』にある水泳の記録は、一九四三年が五回。天皇は、七月のプール開きで明仁や二人の娘たちと、八〜九月には、皇后や成子《しげこ》と一緒に泳いでいる（実録七・八／八・一／八・九／八・三一／九・七）。すべて吹上のプールである。また、それ以外でも、九月一日の入江日記に「午后御水泳」とある。入江は、その後に「〔午後〕六時三十分警戒警報発令。今朝南鳥島に敵の来襲ありし為也」と書いているが、空襲時の混乱にそなえて、上野動物園のライオンなどが薬殺されるのはその三日後である。一九四三年の水泳は、本土空襲への備えが本格化し始めた中で行われたが、天皇にとってそれは、健康維持やストレス解消の手段であっただけでなく、家族との団らんの時間でもあったのだ。

一九四四年七月一二日。天皇は、吹上のプールで初泳ぎをし、一三日には、皇后と五歳になった貴子が見守る中、和子、厚子の二人の娘と一緒に泳いだ。『実録』にあるこの夏の水泳の記録は、この二回だけであるが、侍従の徳川義寛《よしひろ》の日記によると、天皇はそれ以外にも九月四日までに計一二回水泳を行っており、うち二回は皇后と一緒であったことが確認できる（『徳川義寛終戦日記』）。しかし、子どもたちとの水泳は、七月二三日が最後となった。その翌日から、結婚した長女成子をのぞく娘三人が、日光田母沢《たもざわ》の御用邸に、さらにその翌月には塩原の御用邸に移って、敗戦後の一九四五年一一月に帰京するまで、女子学習院の御学友とともにそこで疎開したからだ（実録一九四四・七・二三）。

一方、長男の明仁も、戦局の悪化とともに一九四四年の夏、疎開先の沼津の御用邸から日光田母沢の御用邸へ移り、また、三人の姉とともに塩原の御用邸にいた次男の正仁も、そこに合流した。明仁と正仁の同級生、学習院初等科の五年生五四人と三年生五〇人は、金谷ホテルを宿舎とし、二キロ先にある東大植物園のなかの教室に通った（高橋紘『人間昭和天皇』下）。

明仁への手紙

翌四五年の冬は寒く、東京にも積雪をもたらしたが、日光に疎開中であった明仁は、氷点下の寒気が幾日もつづく日光の東大植物園で、元気にスキーを行った。明仁は、スキーの醍醐味を覚えた喜びを手紙に綴って天皇・皇后に送り、それに対して、天皇は三月六日付の手紙で、

手紙ありがたう　スキーを面白く元気よくして居ることをきいて喜んで居つたがちよつとかぜをひいたさうだが　早く　なほることを祈つて居る
空襲見舞ありがたう　戦争は困難ではあるが　最善の努力と神力によつて時局をきりぬけやうと思つて居る　祈念にたいしては　ありがたく思つて居る
私は丈夫で居るから安心してほしい　今日もおたたさまと一所に庭を散歩して　B29関係の色々の品が　とれた
寒のをり　よく勉強して　よく運動をして心体を大切になさい（橋本明「昭和二十年三月六日の両陛下の手紙」、鶴見俊輔他編『天皇百話』上の巻、筑摩書房、一九八九年）

と思いを綴っている。「努力と神力」で戦局を切り抜けようと思っているという天皇の言葉は、自身の心境を素直に語ったものであろう。天皇は、一九三九年ごろより戦局を案じて「神様の御加護」を祈るようになっていたが（『木戸幸一日記』下巻）、この時点でも、まだ戦争の終結を考えていない。勝ち戦を祈念しながら、明仁の風邪を心配し、みずからも愛好したスキーを子どもがやり始めたことを喜ぶ、父親としての姿が示されている。

明仁の疎開先については、太平洋戦争が始まる前から検討がなされていたが、侍医の見

図26　東京大空襲後の戦災地を視察する（『東京朝日新聞』1945年３月19日）

解は、「御体質上、暖き土地」にすべきで、日光については「お咽弱き関係にて自信なし」というものであった（『人間昭和天皇』下）。にもかかわらず、明仁の疎開先は日光だったのだ。だからこそ天皇は、わが子の軽い風邪に対しても過敏にならざるをえなかったのだろう。なお、東京大空襲後の戦災地を徒歩で視察した時の写真（図26）などをみると、このころの天皇は顔も体も少し太っていて健康そうな印象を受ける。

一方、同日付の皇后の手紙には、

この冬は東京では味ふことのできない零下十七度　とかいふ寒さの中で元気に雪道をご通学のことをきいてほんとにうれしく　又　感心してゐます

もう寒さもすこしはゆるんだでせう　しもやけのできないのはふしぎですね　スキーが大そう　ご上達のやうですね　石川〔東宮首席傅育官〕からもお話をききました　かじとりながら細い道をすべれるやうになつたら　どんなにおもしろいでせう
これも　東京では出来ないよいけいけんでしたね　皆は上手になりましたか　村井〔東宮傅育官〕はできるさうですね（橋本明「昭和二十年三月六日の両陛下の手紙」）

とある。明仁のスキーの上達を喜び、さらに本人のスキーに対する意欲をかき立て後押しするような一文は、スポーツに秀でた皇后良子ならではのものといえるだろう。ちなみに五女の貴子も、この冬、疎開先の塩原でスキーを行っている（『徳川義寛終戦日記』）。

終戦の詔書録音、いわゆる「玉音放送」の録音のため、天皇がマイクの前に立ったのは、それから五カ月後の八月一四日の夜。場所は、屋上がかつてのデッキゴルフ場で、地下が一時期空襲時の天皇夫妻の避難場所とされた第二期庁舎であった。

昭和天皇とスポーツの関係

本書では、昭和天皇とスポーツの関係を幼少時代から追跡してきたが、そこで見えてきたものは、近代天皇制とのあまりにも強固な一体性であった。国家が天皇に何を求めてきたのか、ということがそこには鮮明に映し出されており、つまり政治的なものから最も遠い位置にあると思われがちのスポーツとの関係も、実は総力をあげて取り組まれた国家的プロジェクトの一環をなすものであったということだ。

歴史家のカントーロヴィチは、王には、「自然的身体」と「政治的身体」の二つの身体があると指摘しているが（E・カントーロヴィチ『王の二つの身体』小林公訳、平凡社、一九九二年）、天皇の身体＝「玉体」とは、国家の至上の権威や価値、アイデンティティなどを体現する「政治的身体」にほかならず、それと密接な関係にある御運動もそれから自由にはなりえなかった。もちろん天皇個人に選択の余地がまったくなかったわけではない。しかし、それ以上に国家的な意志が優先し、本書で明らかにした事実からいうと、最終的に天皇個人の意思もそれに従ったということになるだろう。

一般民衆からすれば、想像を超える贅沢きわまりない環境の中に天皇が身を置いていたことはまちがいないが、スポーツに関する選択肢に関していえば、弟たちとのちがいによって明らかなように将来の天皇となる身であるがゆえの特別の制限が課せられつづけた。その制限が最も緩和されたのが、御学問所時代から摂政時代であり、この時期には、多くのスポーツを体験し、一九二〇年代前半には、それが君主制の世界的危機の中で、メディアとのタイアップによる開かれた皇室づくりの一環をなし、また、それが側近たちが推奨したストレス緩和策と重なったことから、宮中内外でスポーツマンとしての皇太子裕仁の姿がクローズアップされた。しかし、そのような時間は長くは続かなかった。

御運動の選択にあたって、健康を害するものや危険なものを排除するといった点は一貫していたが、皇位継承者としての準備が本格化する段階になると、天皇に求められる超越的な権威性や支配の正当性にとってマイナスとなるものに対して、それらを排除しようとする力が強く働くようになる。二〇年代後半からの新聞の御運動記事の激減、即位前後のテニスとビリヤードの中止、そして日中戦争以降のゴルフの中止がそれである。それらは右翼や国粋主義者が主導する形で進み、戦争もまた大きく影響した。

結局、戦争最末期までつづけられたのは、乗馬、水泳、スキーという軍務として正当化が可能で、大元帥にふさわしいものだけだったが、それらのうち水泳とスキーは、天皇の嗜好とも一致し、家族や側近たちとの団らんのひとときを提供した。他方、満州事変後に創られた白馬に乗る天皇のイメージは、神格化を演出する有力な道具となった。

以上のような戦前の状況と比較した場合、戦後の昭和天皇とスポーツの関係はどのような変化を遂げるのだろうか？

戦後の天皇とスポーツ界

敗戦後、「現人神」から「人間」、そして「日本国の象徴」「日本国民統合の象徴」となった昭和天皇は、一九四七年四月、明治神宮競技場で行われた第一回東西対抗サッカー試合を明仁とともに観戦し、試合後にはグランドに降り立ち、選手や協会関係者を激励し、五月には、新憲法施行記念の第一回都民体育大会を家族そろって観戦した。戦後、天皇家を披露する最初の格好の場としてスポーツが選ばれたのである（坂本孝治郎『象徴天皇制へのパフォーマンス』山川出版社、一九八九年）。

天皇はこの年の八大学馬術競技会に白馬に乗って登場した（日刊スポーツ一九四七・七・二九）。また、陸上、水泳の学生選手権、そしてテニスの日本選手権に天皇杯を下賜し、一〇月には石川県で開催された第二回国民体育大会に出席したが、開会式では、二万人の観衆によってGHQ占領下で禁止されていた「日の丸」の掲揚と「君が代」の斉唱が行われた。翌四八年には、さらにサッカー、軟式野球、バスケットボール、軟式テニス、卓球の日本選手権に天皇杯を下賜するとともに、第三回国民体育大会に天皇杯・皇后杯を下賜した。国民体育大会への出席は、翌年の第四回東京大会を機に慣例となる。

天皇は、その後、バレーボールの日本リーグ、スキー、柔道、剣道、弓道、相撲、体操競技、レスリングの日本選手権にも天皇杯を下賜したが（以上、権学俊『国民体育大会の研究』青木書店、二〇〇六年）、戦後の天皇杯の第一号は、四六年一一月に東京六大学野球リーグへ下賜したものであった。これは皇太子時代に下賜した東宮杯が、太平洋戦争下でのリーグ解散とともに宮内省に返納されたため、戦後のリーグ戦の再開に際して、天皇杯として再下賜したものであった。五〇年一一月に天皇は、皇后とともに六大学野球の早慶

図27　戦後初の大相撲観戦　1955年5月24日（朝日新聞社提供）

戦を観戦している。

一九五五年五月、天皇は新装の蔵前国技館で大相撲を観戦し、以後、八七年までの観戦は四四回に及んだ。「久しくも見ざりし相撲ひとびとと手をたたきつつ見るがたのしさ」。戦後初の大相撲観戦時に詠んだ一句である（高橋紘編『昭和天皇発言録』）。後楽園スタジアムでプロ野球の巨人・阪神戦を皇后とともに観戦するのは五九年六月。五八年五月には第三回アジア競技大会で、そして六四年一〇月には、オリンピック東京大会で開会宣言を行う。ともに東京の国立競技場であった。

こうして天皇は、ヨーロッパ外遊から帰国したころのようにスポーツに対する積極的な姿勢を国民に向けてアピールしていった。結核の病状が一進一退をつづけ、五〇歳でこの世を去った弟の秩父宮雍仁《ちちぶのみややすひと》、かっての「スポーツの宮様」の替わりをつとめるかのように。

坂本孝治郎が指摘しているように、国民体育大会は、天皇・皇后が毎年出席することによって、単なるスポーツイヴェントではなく、「象徴天皇制の正当性を周期的に客観化する、重要な制度的イヴェント」へと変化した（『象徴天皇がやって来る』平凡社、一九八八年）。また、戦前からつづく六大学野球や大相撲、競馬だけでなく、各種目計一七にも及ぶ日本選手権大会などが、毎年、天皇杯をめざして開催され、また、天皇が大相撲やプロ野球などを観戦するという新たな状況も、それと同様の効果をもつとみていいだろう。戦後における昭和天皇とスポーツ界は、天皇の「政治的身体」を介して、戦前よりもはるかに親密な形で結びついたのである。

戦後の御運動

天皇は、戦後、吹上のプールや葉山の海での水泳、そして乗馬もテニスも再開し、それらをしばらくつづけた。しかし、ゴルフをすることはなかった（田代靖尚『昭和天皇のゴルフ』）。「もうゴルフはやめる」という決意は戦後も変わることがなく、封印を解かなかったということだろうか。

一九八九年一月七日、昭和天皇はその生涯を閉じる。享年八七。歴代の天皇の中でもっとも長寿であるその人生は、戦後だけで四三年に及ぶ。八八年九月二五日、大量吐血による危機的状況を乗り切った天皇が、侍医《じい》らに言ったのは、「(千代の富士は)全勝か」であった(『昭和天皇発言録』)。

天皇の大相撲観戦について、戦後も侍従として仕えた入江相政《いりえすけまさ》はこう語っている。天皇は自分で自由にチャンネルをかえてテレビを観ているようだが、大相撲を観るのは「五時ちょっと前から」で、その前の取り組みを観ないのは、その時間が「みんなが働いている時間なのだからということでございましょうね」(「天皇とスポーツ侍従」『文藝春秋』一九六四年一月号)。昭和天皇は、幼少期から大相撲の大のファンであり、大相撲観戦は至福の時間であったにちがいないが、それについても国民の視線を気にしつづけ、抑制していたのだ。ゴルフについても同様の抑制が働いていたのではないだろうか。

戦後における昭和天皇とスポーツの関係もまた、「政治的身体」による呪縛から自由ではなかった。戦後の象徴天皇制は、たしかに天皇の政治的な地位を劇的に変えたが、それは天皇を「人間」としての尊厳にもとづき、国家的な要請から解き放つものではなかったのだ。では翻って、私たち自身はどれほどの自由を手にしたのだろうか? 天皇の「政治的身体」をめぐる問題は、実はこのことと不可分一体のものなのではないだろうか。

あとがき

長い道のりだった。吉川弘文館から執筆の依頼を受けたのは、二〇〇九年の夏。この時リクエストされたテーマは、「スポーツと皇族」で、最初はその方向で、皇族とスポーツ界のかかわりを軸に日本近代のスポーツ史を描こうと思った。これだと以前書いたものを活用できるので、さほど時間はかからない。しかし、答えがすでに見えていて新鮮味が感じられず、なかなか意欲が湧いてこない。

小さな転機が訪れたのは、二〇一一年五月。内視鏡による大腸検査の後遺症で、手術をすることになってしまい、十日間の入院生活を送った。この時、病室でたまたま観たのが、NHKのBSアーカイブス「皇居・吹上御苑の四季」だった。国立科学博物館による動植物調査の結果を映像に収めたもので、都心とはとても思えない豊かな動植物の姿が次々と画面に映し出された。カブトムシの捕獲法なども面白かったが、ぼくにとって何よりも興味深かったのが、昭和天皇のゴルフに関する次のようなエピソードだった。

吹上御所にはかつてゴルフ場があったが、昭和天皇は、日中戦争が始まるとゴルフをやめてしまい、ゴルフ場が野草で覆われてしまった。しかしそれを見た天皇は、「刈りさえしなければ、こんな花が咲いてくれる」と喜んだ、というものだ。

このシーンには、昭和天皇の侍従を務めた入江相政の回想が使われていた。これは面白い！　なぜ天皇はゴルフをやめたのか？　そもそも皇居にはどんなスポーツ施設があったのか？　それらはいつどのようにして造られたのか？　さまざまな疑問が湧いてきた。

昭和天皇の発言、側近たちの回想や日記、新聞や雑誌の記事などを集め、それらを読み込んでいくうちに、スポーツ施設だけでなく、昭和天皇が実際に行ったスポーツについても、新たな事実が次々と浮かび上がってきた。テンションが徐々に上がっていく。昭和天皇一人に絞って書いてみよう！　そんなアイデアも飛び出して、本書のアウトラインが少しずつ見え始める。

それは、細かな断片をひとつひとつ組み合わせて一枚の絵を復元していくような、まるでジグソーパズルのような作業だった。小さなピースが組み合わさる瞬間、そして絵が見え始める瞬間の喜びは格別だ。楽しい。こうしてようやく草稿を書き上げたのが、二〇一四年の夏。執筆に取りかかってから五年が過ぎていた。

「よしこれでいける！」と思った矢先に衝撃的なニュースが飛び込む。宮内庁が、二〇一四年の歳月をかけて編集した全巻で一万二千ページにおよぶ『昭和天皇実録』が完成したというのだ。『実録』の編集が進められていることは知ってはいたが、まさかこんなタイミングで完成するとは思ってもみなかった。しばし呆然。気を取り直して『実録』を読み始めたら、これまで知りたくても知り得なかったことが次々と出てくるではないか。こうして嬉しい悲鳴を上げながら、新たな発見をどんどん書き足していくうちに、草稿は全面改訂され、新たな書下ろしへと生まれ変わった。

また、夢中になって書いているうちに分量が膨れ上がってしまい、原稿提出後に指摘されてはじめて気づいたのだが、予定の二倍近くの枚数になっていた。今度は、まさかの「刈り込み」作業だ。最低でも三〜四割削らなければならない。これは文字どおり身を削るようなつらい作業であったが、やり終えてみると全体が見違えるほどすっきりし、気分爽快。ダイエット大成功である（実際の体重も原稿に取りかかる前と比べて七キロ減った）。

「なぜ昭和天皇はゴルフをやめたのか？」というのが最初の問いだったが、書き進めていくうちに新たな疑問や興味がどんどん湧き上がってきた。ある時には昭和天皇の心情やその背景に迫ろうとするあまり、作家の夢枕獏の言葉を借りるならば、「脳がとろけて鼻の穴から流れ出てしまうくらい」精神を集中し考えぬいた。全力を尽くしたと思うが、さて、昭和天皇の素顔にどれだけ近づくことができたのか、と自問してみると何とも心もとない。本書の限界や誤りをつく、厳しい指摘や批判をいただければありがたい。

なかなか本腰を入れず、やり始めたとたんにテーマを変え、やっと仕上がると思ったら、『実録』の登場によってさらに一年を費やし、最後は自転車で転んで鎖骨骨折というオマケまでついてしまい、結局リクエストから六年以上かかってしまった。その間、辛抱強く待っていただき、また、控え目ながらも、絶妙なタイミングでぼくを叱咤激励しつづけてくれた吉川弘文館の若山嘉秀さんには、感謝あるのみである。

同僚の吉田裕さんからのアドバイス、院生の鈴木楓太さんと冨田幸佑さんによる史料整理のサポートがなければ、本書の刊行はさらに一年以上遅れていたと思う。また、高嶋航さん、中嶋健さんからは貴重な史料を提供していただいた。

面白い史料を見つけたり、新しいアイデアが浮かぶとすぐに誰かにしゃべって反応を確かめてみたくなる。そんなぼくのおしゃべりや悩み相談に付き合ってくれた一橋大学の同僚や院生、研究仲間、そしてぼくの家族にも感謝の気持ちを伝えたい。

二〇一六年二月一八日

坂上康博

著者紹介

一九五九年、大阪府に生まれる
一九八一年、高知大学教育学部卒業
一九八三年、東京学芸大学大学院教育学研究科修士課程修了
一九八七年、一橋大学大学院社会学研究科博士課程単位取得満期退学
現在、一橋大学大学院社会学研究科教授

主要編著書

『権力装置としてのスポーツ　帝国日本の国家戦略』(講談社、一九九八年)
『にっぽん野球の系譜学』(青弓社、二〇〇一年)
『スポーツと政治』(山川出版社、二〇〇一年)
『幻の東京オリンピックとその時代　戦時期のスポーツ・都市・身体』(共編著、青弓社、二〇〇九年)

歴史文化ライブラリー
425

昭和天皇とスポーツ
〈玉体〉の近代史

二〇一六年(平成二十八)五月一日　第一刷発行

著　者　坂《さか》上《うえ》康《やす》博《ひろ》
発行者　吉川道郎
発行所　株式会社 吉川弘文館
東京都文京区本郷七丁目二番八号
郵便番号一一三—〇〇三三
電話〇三—三八一三—九一五一〈代表〉
振替口座〇〇一〇〇—五—二四四
http://www.yoshikawa-k.co.jp/
印刷＝株式会社 平文社
製本＝ナショナル製本協同組合
装幀＝清水良洋・宮崎萌美

ISBN978-4-642-05825-4

歴史文化ライブラリー

1996. 10

刊行のことば

現今の日本および国際社会は、さまざまな面で大変動の時代を迎えておりますが、近づきつつある二十一世紀は人類史の到達点として、物質的な繁栄のみならず文化や自然・社会環境を謳歌できる平和な社会でなければなりません。しかしながら高度成長・技術革新にともなう急激な変貌は「自己本位な刹那主義」の風潮を生みだし、先人が築いてきた歴史や文化に学ぶ余裕もなく、いまだ明るい人類の将来が展望できていないようにも見えます。このような状況を踏まえ、よりよい二十一世紀社会を築くために、人類誕生から現在に至る「人類の遺産・教訓」としてのあらゆる分野の歴史と文化を「歴史文化ライブラリー」として刊行することといたしました。

小社は、安政四年（一八五七）の創業以来、一貫して歴史学を中心とした専門出版社として書籍を刊行しつづけてまいりました。その経験を生かし、学問成果にもとづいた本叢書を刊行し社会的要請に応えて行きたいと考えております。

現代は、マスメディアが発達した高度情報化社会といわれますが、私どもはあくまでも活字を主体とした出版こそ、ものの本質を考える基礎と信じ、本叢書をとおして社会に訴えてまいりたいと思います。これから生まれでる一冊一冊が、それぞれの読者を知的冒険の旅へと誘い、希望に満ちた人類の未来を構築する糧となれば幸いです。

吉川弘文館

歴史文化ライブラリー

近・現代史

歴史文化ライブラリー

昭和天皇とスポーツ 〈玉体〉の近代史――坂上康博
昭和天皇側近たちの戦争――茶谷誠一
海軍将校たちの太平洋戦争――手嶋泰伸
植民地建築紀行 満洲・朝鮮・台湾を歩く――西澤泰彦
帝国日本と植民地都市――橋谷　弘
稲の大東亜共栄圏 帝国日本の〈緑の革命〉――藤原辰史
地図から消えた島々 幻の日本領と南洋探検家たち――長谷川亮一
日中戦争と汪兆銘《おうちょうめい》――小林英夫
モダン・ライフと戦争 スクリーンのなかの女性たち――宜野座菜央見
彫刻と戦争の近代――平瀬礼太
特務機関の謀略 諜報とインパール作戦――山本武利
首都防空網と〈空都〉多摩――鈴木芳行
陸軍登戸研究所と謀略戦 科学者たちの戦争――渡辺賢二
帝国日本の技術者たち――沢井　実
〈いのち〉をめぐる近代史 堕胎から人工妊娠中絶へ――岩田重則
戦争とハンセン病――藤野　豊
「自由の国」の報道統制 大戦下の日系ジャーナリズム――水野剛也
敵国人抑留 戦時下の外国民間人――小宮まゆみ
銃後の社会史 戦死者と遺族――一ノ瀬俊也
海外戦没者の戦後史 遺骨帰還と慰霊――浜井和史
国民学校 皇国の道――戸田金一
学徒出陣 戦争と青春――蜷川壽惠
〈近代沖縄〉の知識人 島袋全発の軌跡――屋嘉比　収
沖縄戦　強制された「集団自決」――林　博史
戦後政治と自衛隊――佐道明広
米軍基地の歴史 世界ネットワークの形成と展開――林　博史
沖縄　占領下を生き抜く 軍用地・通貨・毒ガス――川平成雄
昭和天皇退位論のゆくえ――冨永　望
紙　芝　居 街角のメディア――山本武利
団塊世代の同時代史――天沼　香
闘う女性の20世紀 地域社会と生き方の視点から――伊藤康子
丸山真男の思想史学――板垣哲夫
文化財報道と新聞記者――中村俊介

文化史・誌

毘沙門天像の誕生 シルクロードの東西文化交流――田辺勝美
世界文化遺産　法隆寺――高田良信
落書きに歴史をよむ――三上喜孝
密教の思想――立川武蔵
霊場の思想――佐藤弘夫
四国遍路 さまざまな祈りの世界――星野英紀・浅川泰宏
跋扈《ばっこ》する怨霊 祟りと鎮魂の日本史――山田雄司
将門伝説の歴史――樋口州男

歴史文化ライブラリー

藤原鎌足、時空をかける 変身と再生の日本史—黒田　智
変貌する清盛 『平家物語』を書きかえる—樋口大祐
鎌倉　古寺を歩く 宗教都市の風景—松尾剛次
空海の文字とことば—岸田知子
鎌倉大仏の謎—塩澤寛樹
日本禅宗の伝説と歴史—中尾良信
水墨画にあそぶ 禅僧たちの風雅—高橋範子
日本人の他界観—久野　昭
観音浄土に船出した人びと 熊野と補陀落渡海—根井　浄
殺生と往生のあいだ 中世仏教と民衆生活—苅米一志
浦島太郎の日本史—三舟隆之
宗教社会史の構想 真宗門徒の信仰と生活—有元正雄
読経の世界 能読の誕生—清水眞澄
戒名のはなし—藤井正雄
墓と葬送のゆくえ—森　謙二
仏画の見かた 描かれた仏たち—中野照男
ほとけを造った人びと 止利仏師から運慶・快慶まで—根立研介
〈日本美術〉の発見 岡倉天心がめざしたもの—吉田千鶴子
祇園祭 祝祭の京都—川嶋將生
洛中洛外図屛風 つくられた〈京都〉を読み解く—小島道裕
茶の湯の文化史 近世の茶人たち—谷端昭夫

海を渡った陶磁器—大橋康二
時代劇と風俗考証 やさしい有職故実入門—二木謙一
乱舞の中世 白拍子・乱拍子・猿楽—沖本幸子
歌舞伎と人形浄瑠璃—田口章子
神社の本殿 建築にみる神の空間—三浦正幸
古建築修復に生きる 屋根職人の世界—原田多加司
大工道具の文明史 日本・中国・ヨーロッパの建築技術—渡邉　晶
苗字と名前の歴史—坂田　聡
日本人の姓・苗字・名前 人名に刻まれた歴史—大藤　修
読みにくい名前はなぜ増えたか—佐藤　稔
数え方の日本史—三保忠夫
大相撲行司の世界—根間弘海
武道の誕生—井上　俊
日本料理の歴史—熊倉功夫
吉兆　湯木貞一 料理の道—末廣幸代
アイヌ文化誌ノート—佐々木利和
流行歌の誕生 「カチューシャの唄」とその時代—永嶺重敏
話し言葉の日本史—野村剛史
日本語はだれのものか—川口　良・角田史幸
「国語」という呪縛 国語から日本語へ、そして〇〇語へ—川口　良・角田史幸
柳宗悦と民藝の現在—松井　健

歴史文化ライブラリー

歴史文化ライブラリー

老人と子供の考古学—山田康弘
〈新〉弥生時代 五〇〇年早かった水田稲作—藤尾慎一郎
交流する弥生人 金印国家群の時代の生活誌—高倉洋彰
古 墳—土生田純之
東国から読み解く古墳時代—若狭 徹
神と死者の考古学 古代のまつりと信仰—笹生 衛
銭の考古学—鈴木公雄
太平洋戦争と考古学—坂詰秀一

古代史

邪馬台国 魏使が歩いた道—丸山雍成
邪馬台国の滅亡 大和王権の征服戦争—若井敏明
日本語の誕生 古代の文字と表記—沖森卓也
日本国号の歴史—小林敏男
古事記のひみつ 歴史書の成立—三浦佑之
日本神話を語ろう イザナキ・イザナミの物語—中村修也
東アジアの日本書紀 歴史書の誕生—遠藤慶太
〈聖徳太子〉の誕生—大山誠一
聖徳太子と飛鳥仏教—曾根正人
倭国と渡来人 交錯する「内」と「外」—田中史生
大和の豪族と渡来人 葛城・蘇我氏と大伴・物部氏—加藤謙吉
白村江の真実 新羅王・金春秋の策略—中村修也
古代豪族と武士の誕生—森 公章
飛鳥の宮と藤原京 よみがえる古代王宮—林部 均
古代出雲—前田晴人
エミシ・エゾからアイヌへ—児島恭子
古代の皇位継承 天武系皇統は実在したか—遠山美都男
持統女帝と皇位継承—倉本一宏
古代天皇家の婚姻戦略—荒木敏夫
高松塚・キトラ古墳の謎—山本忠尚
壬申の乱を読み解く—早川万年
家族の古代史 恋愛・結婚・子育て—梅村恵子
万葉集と古代史—直木孝次郎
地方官人たちの古代史 律令国家を支えた人びと—中村順昭
古代の都はどうつくられたか 中国・日本・朝鮮・渤海—吉田 歓
平城京に暮らす 天平びとの泣き笑い—馬場 基
平城京の住宅事情 貴族はどこに住んだのか—近江俊秀
すべての道は平城京へ 古代国家の〈支配の道〉—市 大樹
都はなぜ移るのか 遷都の古代史—仁藤敦史
聖武天皇が造った都 難波宮・恭仁宮・紫香楽宮—小笠原好彦
悲運の遣唐僧 円載の数奇な生涯—佐伯有清
遣唐使の見た中国—古瀬奈津子
古代の女性官僚 女官の出世・結婚・引退—伊集院葉子

歴史文化ライブラリー

歴史文化ライブラリー

庭園の中世史 足利義政と東山山荘——飛田範夫
土一揆の時代——神田千里
山城国一揆と戦国社会——川岡 勉
一休とは何か——今泉淑夫
中世武士の城——齋藤慎一
武田信玄——平山 優
歴史の旅 武田信玄を歩く——秋山 敬
戦国大名の兵粮事情——久保健一郎
戦乱の中の情報伝達 使者がつなぐ中世京都と在地——酒井紀美
戦国時代の足利将軍——山田康弘
名前と権力の中世史 室町将軍の朝廷戦略——水野智之
戦国貴族の生き残り戦略——岡野友彦
戦国を生きた公家の妻たち——後藤みち子
鉄砲と戦国合戦——宇田川武久
検証 長篠合戦——平山 優
よみがえる安土城——木戸雅寿
検証 本能寺の変——谷口克広
加藤清正 朝鮮侵略の実像——北島万次
落日の豊臣政権 秀吉の憂鬱、不穏な京都——河内将芳
北政所と淀殿 豊臣家を守ろうとした妻たち——小和田哲男
豊臣秀頼——福田千鶴
偽りの外交使節 室町時代の日朝関係——橋本 雄
朝鮮人のみた中世日本——関 周一
ザビエルの同伴者 アンジロー 戦国時代の国際人——岸野 久
海賊たちの中世——金谷匡人
中世 瀬戸内海の旅人たち——山内 譲
アジアのなかの戦国大名 西国の群雄と経営戦略——鹿毛敏夫
琉球王国と戦国大名 島津侵入までの半世紀——黒嶋 敏
天下統一とシルバーラッシュ 銀と戦国の流通革命——本多博之

近世史

神君家康の誕生 東照宮と権現様——曽根原 理
江戸の政権交代と武家屋敷——岩本 馨
江戸の町奉行——南 和男
江戸御留守居役 近世の外交官——笠谷和比古
検証 島原天草一揆——大橋幸泰
大名行列を解剖する 江戸の人材派遣——根岸茂夫
江戸大名の本家と分家——野口朋隆
赤穂浪士の実像——谷口眞子
〈甲賀忍者〉の実像——藤田和敏
江戸の武家名鑑 武鑑と出版競争——藤實久美子
武士という身分 城下町萩の大名家臣団——森下 徹
旗本・御家人の就職事情——山本英貴

歴史文化ライブラリー